古代歷史文化研究輯刊

五 編

王明蓀 主編

第 13 冊

宋代民婦之家族角色與地位研究

游惠遠 著

國家圖書館出版品預行編目資料

宋代民婦之家族角色與地位研究／游惠遠 著 — 初版 — 新北
市：花木蘭文化出版社，2011〔民 100〕
目 2+164 面；19×26 公分
（古代歷史文化研究輯刊 五編：第 13 冊）
ISBN：978-986-254-426-6（精裝）
1. 家族 2. 宋代
618 100000584

ISBN-978-986-254-426-6

9 789862 544266

古代歷史文化研究輯刊
五 編 第十三冊 ISBN：978-986-254-426-6

宋代民婦之家族角色與地位研究

作　者	游惠遠
主　編	王明蓀
總編輯	杜潔祥
印　刷	普羅文化出版廣告事業
出　版	花木蘭文化出版社
發行所	花木蘭文化出版社
發行人	高小娟
聯絡地址	新北市永和區中正路五九五號七樓之三
	電話：02-2923-1455／傳真：02-2923-1452
電子信箱	sut81518@gmail.com
初　版	2011 年 3 月
定　價	五編 32 冊（精裝）新台幣 56,000 元

宋代民婦之家族角色與地位研究

游惠遠　著

作者簡介

游惠遠，1961 年生於嘉義市，從小受困於數理，只好專心往人文藝術發展。很在意窗外有沒有一片藍天，因此無論選擇學校、工作環境或居住地均以此為最高原則。1985 年自淡江大學歷史系進入東海大學歷史研究所就讀，1988 年開始與勤益科技大學創校人張明將軍與王國秀女士結緣，致此生將在此四面環山的可愛校園終老！1997 年創立文化創意事業系，將文史藝術結合音像技術，遊走於理性與感性之間。一方面帶領學生厚植人文藝術根基，並走南闖北與各地方文化單位結合；另一方面則在東海大學藝術學院詹前裕院長指導下，企圖建構新台灣文化藝術圖像。

提　要

宋人程頤在論守節時曾云：「餓死事極小，失節事極大」，又《宋史》列女傳中也有「婦人死不出閨房」之語，致使後世之人以為，宋代婦女在嚴苛禮教的羈縛之下，一生難有獨立自主的機會，忽略了女性占了總人口的半數，這許多的人口不可能全仰賴男性，而不參與生產行列。本文的研究目的即希望透過婦女的家族地位的探討，以及她們所從事之行業的類別，以觀察宋代婦女的權利義務與生活情感，盼能使原貌再呈現。

本文所使用的資料以宋人著作為主，再參酌前後代的相關記載，利用綜合歸納與比較分析法研究而成。

本研究對象以沒有受到誥封的婦女為主，時間則涵蓋兩宋三百多年。文分五章，首章緒論，第二章從法律上看民婦之家族角色與地位，旨在透過條法的分析以了解宋代婦女的法定地位。第三章從社會實態上看民婦之家族角色與地位，希透過較廣的取材，包括風俗習慣、倫理道德、教育等，來重新檢視法令，以及知識份子的見解和社會實態之間的關係。第四章專論貞節與再嫁，藉以了解當代人對這兩個問題的看法與實際上的差別。第五章民婦之職業與生計，擬透過對婦女職業的觀察，以明其維生的能力與社會功能。

自女子一生的歷程來觀察宋代婦女地位：在教育方面，女子同男子一樣可接受教育，但因教育的目的不同，女教旨在為當個賢妻良母作準備，而男教則以入仕為目的，致女子接受教育的機會常少於男子。

自婚姻方面言，婚姻是以家族為目的，其決定權在父母或尊長，兒女均無自主權。而婦女在夫族最重要的義務是孝順翁姑和忠貞於丈夫，有些貧民雖能容忍妻子的私通，但基本觀念上，則以之為可恥的現象。在離婚方面，自法律上看，夫妻的離婚權幾乎是均等的，但因宋代婦女對條法的不解，其被動往往多於主動。但宋人對於民婦的守節或再嫁則沒有任何的根制，在這方面，婦女擁有相當高的自主權。

自財產權的擁有來看婦女地位，女子取得財產的途徑有多種，但只有隨嫁粧奩財產才能由自己完全擁有和控制，而女子對夫家的財產只有使用權和保管權，且這項權利乃視其是否居於夫家，仍為夫族之一員為原則。

自職業的選擇來看，宋代民婦對社會活動的參與是多方面的，幾乎各行各業都有他們的參與，而婦女能夠靠自己的才能與技藝而獨立謀生者均不在少數。

綜言之，宋代的婦女地位縱然較男性為低，但這是制度性的問題，而非情緒性的問題，且宋代婦女也不是一般人刻板印象下的弱女子可比。

古代歷史文化研究輯刊

五編

王明蓀 主編

第13冊

宋代民婦之家族角色與地位研究

游惠遠 著

國家圖書館出版品預行編目資料

宋代民婦之家族角色與地位研究／游惠遠 著 — 初版 — 台北
縣永和市：花木蘭文化出版社，2011〔民100〕
目 2+164 面；19×26 公分
（古代歷史文化研究輯刊 五編：第 13 冊）
ISBN：978-986-254-426-6（精裝）
1. 家族 2. 宋代
618   100000584

古代歷史文化研究輯刊
五 編 第十三冊   ISBN：978-986-254-426-6

宋代民婦之家族角色與地位研究

作 者 游惠遠
主 編 王明蓀
總 編 輯 杜潔祥
印 刷 普羅文化出版廣告事業
出 版 花木蘭文化出版社
發 行 所 花木蘭文化出版社
發 行 人 高小娟
聯絡地址 台北縣永和市中正路五九五號七樓之三
        電話：02-2923-1455／傳眞：02-2923-1452
電子信箱 sut81518@gmail.com
初 版 2011 年 3 月
定 價 五編 32 冊（精裝）新台幣 50,000 元

宋代民婦之家族角色與地位研究

游惠遠　著

作者簡介

游惠遠，1961 年生於嘉義市，從小受困於數理，只好專心往人文藝術發展。很在意窗外有沒有一片藍天，因此無論選擇學校、工作環境或居住地均以此為最高原則。1985 年自淡江大學歷史系進入東海大學歷史研究所就讀，1988 年開始與勤益科技大學創校人張明將軍與王國秀女士結緣，致此生將在此四面環山的可愛校園終老！1997 年創立文化創意事業系，將文史藝術結合音像技術，遊走於理性與感性之間。一方面帶領學生厚植人文藝術根基，並走南闖北與各地方文化單位結合；另一方面則在東海大學藝術學院詹前裕院長指導下，企圖建構新台灣文化藝術圖像。

提 要

宋人程頤在論守節時曾云：「餓死事極小，失節事極大」，又《宋史》列女傳中也有「婦人死不出閨房」之語，致使後世之人以為，宋代婦女在嚴苛禮教的繭縛之下，一生難有獨立自主的機會，忽略了女性占了總人口的半數，這許多的人口不可能全仰賴男性，而不參與生產行列。本文的研究目的即希望透過婦女的家族地位的探討，以及她們所從事之行業的類別，以觀察宋代婦女的權利義務與生活情感，盼能使原貌再呈現。

本文所使用的資料以宋人著作為主，再參酌前後代的相關記載，利用綜合歸納與比較分析法研究而成。

本研究對象以沒有受到誥封的婦女為主，時間則涵蓋兩宋三百多年。文分五章，首章緒論，第二章從法律上看民婦之家族角色與地位，旨在透過條法的分析以了解宋代婦女的法定地位。第三章從社會實態上看民婦之家族角色與地位，希透過較廣的取材，包括風俗習慣、倫理道德、教育等，來重新檢視法令，以及知識份子的見解和社會實態之間的關係。第四章專論貞節與再嫁，藉以了解當代人對這兩個問題的看法與實際上的差別。第五章民婦之職業與生計，擬透過對婦女職業的觀察，以明其維生的能力與社會功能。

自女子一生的歷程來觀察宋代婦女地位：在教育方面，女子同男子一樣可接受教育，但因教育的目的不同，女教旨在為當個賢妻良母作準備，而男教則以入仕為目的，致女子接受教育的機會常少於男子。

自婚姻方面言，婚姻是以家族為目的，其決定權在父母或尊長，兒女均無自主權。而婦女在夫族最重要的義務是孝順翁姑和忠貞於丈夫，有些貧民雖能容忍妻子的私通，但基本觀念上，則以之為可恥的現象。在離婚方面，自法律上看，夫妻的離婚權幾乎是均等的，但因宋代婦女對條法的不解，其被動往往多於主動。但宋人對於民婦的守節或再嫁則沒有任何的根制，在這方面，婦女擁有相當高的自主權。

自財產權的擁有來看婦女地位，女子取得財產的途徑有多種，但只有隨嫁粧奩財產才能由自己完全擁有和控制，而女子對夫家的財產只有使用權和保管權，且這項權利乃視其是否居於夫家，仍為夫族之一員為原則。

自職業的選擇來看，宋代民婦對社會活動的參與是多方面的，幾乎各行各業都有他們的參與，而婦女能夠靠自己的才能與技藝而獨立謀生者均不在少數。

綜言之，宋代的婦女地位縱然較男性為低，但這是制度性的問題，而非情緒性的問題，且宋代婦女也不是一般人刻板印象下的弱女子可比。

致謝辭

　　總記得陳之潘「謝之不盡，唯有謝天」那段話，經常，我也有那種感覺，幾乎是自懂事以來，便常常對天地間的一切人事物滿懷謝意。我不太能分得清楚，到底哪件事情的完成該謝謝誰？因為似乎一切都該從頭謝起，錢穆先生說「歷史是人的共業」，我想我也該是所有人的共業才能存活至今，要謝得謝全人類才行。可是這似乎又有點躲懶，總有些要特別感謝的人吧？

　　本書來自於民國七十七年的碩論，關於這篇論文，首先要謝的是王師德毅二十多年來亦師亦父的提攜與愛護，沒有他的督促，沒有他廢寢忘食地為我漏夜看稿，它不會順利的誕生。再有便是金師中樞，他為我打下宋史研究的基本根柢，又不斷地指引我作學問的方法，每份作業上的評細眉批是令人永誌難忘的。也要謝謝劉靜貞學姊提供給我那麼多的建設性批評與建議，可惜我能力淺薄，沒能好好的做到，是最叫人汗顏的。還有台大婦女研究室的補助及諸位師長所提供的寶貴意見更是要謝。最後絕不能忘記謝謝林天蔚老師、張天佑老師、黃寬重老師花了那麼多時間看這份初學的東西，使我懂得了如何才能更上層樓。而古鴻廷老師多年來的關愛與指導是無以為報的。

　　最後要謝謝總召集人王明蓀老師給我這個出版的機會，同時，如果沒有花木蘭出版社高小姐對我的長期忍耐，讓我一而再再而三的拖延進度，又軟性逼迫著我竭盡所能的在公事的罅隙中一字一句的重新梳理校正，這本青澀的論文是不可能再度面世的。

　　還是讓我謝天吧！謝謝祢所賜予我的一切，不管是好的，或是不好的。

目
次

第一章 緒 論

　　中國在父系社會的結構之下，處處以男性為中心，婦女地位受到壓抑〔註1〕，男尊女卑的理論相當多，如《易經‧繫辭上》道：「乾道成男，坤道成女。」〔註2〕即男屬陽，女屬陰；男為天，女為地，男要剛，女要柔。也因此，男主外，要當「室家君王」；女只能主內，「惟酒食是議」〔註3〕。所以婦人是「從人者也，幼從父兄，嫁從夫，夫死從子」〔註4〕，萬一她的地位高過男人，將被目為「以妻制夫，以卑臨尊，違乾坤之道，失陽唱之義」〔註5〕，而不被諒解。因為以上傳統認識的延續，宋人也有這種男尊女卑的觀念，認為能當男子是前世的「功德圓就」〔註6〕，否則就是一種缺憾。

　　筆者想要探討的幾個問題是：其一，是什麼樣的觀念在引領這種以男性為主的社會模式的進行？其二，宋代婦女當真是「死不出閨房」〔註7〕，在家

〔註1〕 參賴澤涵，〈我國家庭的組成、權力結構及婦女地位之變遷〉，《社會科學整合論文集》，中央研究院三民主義研究所叢刊（九），民國71年8月，頁387～388。

〔註2〕 《周易》卷七〈繫辭上第七〉，《四部叢刊初編‧經部》宋刊本，上海：商務印書館，頁42。

〔註3〕 《毛詩》卷十一〈小雅斯干〉，《四部叢刊初編‧經部》，商務印書館縮印常熟瞿氏所藏宋刊巾箱本，頁80。

〔註4〕 《十三經注疏‧禮記》卷二十六〈郊特牲〉，藝文印書館，頁5062。

〔註5〕 范曄，《後漢書》卷六二〈荀韓鍾陳列傳第五二‧荀爽傳〉，台北：鼎文出版社，民國64年，頁2053。

〔註6〕 洪邁，《夷堅乙志》卷二「陳氏女」條，台北：明文書局，民國71年，頁197。

〔註7〕 元‧脫脫，《宋史》卷四六○〈列女傳〉：「三年春，盜馬進掠臨淮縣，王宣要其妻曹氏避之，曹曰：『我聞婦人死不出閨房。』賊至，宣避之，曹堅臥不起，眾賊劫持之，大罵不屈，為所害。」台北：鼎文出版社，民國67年。

庭、社會、經濟上一點地位也沒有的嗎？賴澤涵先生認爲：一般百姓的男人地位不可能和知識份子的家庭一致，因爲他們不分男女均需從事耕作，男人的「絕對權力」會因此而相對的降低〔註8〕。這種見解是非常值得參考並作更進一步的研究。所以理想的社會模式或社會規範，縱然被士大夫們鼓吹著，欲不見得能完全被接受或實現〔註9〕。因此筆者想知道的是，相對於程頤「餓死事極小，失節事極大」的理想性規範，宋人有沒有受到影響？而宋代婦女所扮演的實際角色又是如何？基於此，本文打算借助法律文書與筆記、小說、文集，作一個多角度的觀察，盼能尋出規範性的理論和社會實態之間之關係。

唯須先說明的是，筆者以爲中國古代婦女在政治上一向缺乏主動地位，而得封誥的婦人多屬品官之家〔註10〕，飽食煖衣之餘，既少參與社會生產活動，又要恪守較嚴格的禮教規範，而其於婦女總人口中畢竟只佔少數，本文

〔註8〕 參見賴澤涵，〈我國家庭的組成、權力結構及婦女地位之變遷〉，《社會科學整合論文集》，頁388。

〔註9〕 參見陳祥水，〈中國社會結構與祖先崇拜〉，《中華文化復興月刊》（11：6），民國67年6月，頁32。

〔註10〕 中國的婦女在政治上一向沒有法定的正式地位，婦人之受誥封，通常因夫或子貴而得，如《禮記》卷二十六〈郊特牲〉道：「婦人無爵，從夫之爵。」演變到唐宋，女子的封爵，都是視父親、丈夫或兒子的爵秩高低而頒贈的。《新唐書》卷四十六〈百官志一〉載：「皇姑爲大長公主，正一品；姊妹爲長公主，女爲公主，皆視一品；皇太子女爲郡主，從一品；親王女爲縣主，從二品。內命婦：一品，母爲正四品郡君；二品，母爲從四品郡君；三品、四品，母爲正五品縣君。（中略）凡外命婦有六：王、嗣王、郡王之母妻爲妃；文武官一品，國公之母妻爲國夫人；三品以上母妻爲郡夫人；四品母妻爲郡主；五品妻爲縣君；縣官四品有封者爲鄉君。」台北：鼎文書局。《宋會要輯稿》〈刑法二之二六〉則載：「（慶曆二年）六月十五日，詳定減省所言，請今後宗室及郡縣主，兩地臣僚、節度使、殿前馬步都知押班母妻，依舊賜冠帔。兩府許乞長女或長子之妻，餘並不許。」台北：世界書局，頁6508。又百歲寓翁，《楓窗小牘》（稗海本）卷上也載：「國朝婦人封，自執政以上封夫人，尚書以上封淑人，侍郎以上封碩人，大中大夫以上封令人，中散大夫以上封恭人，朝奉大夫以上封宜人，朝奉郎以上封安人，通直郎以上封孺人。然夫人有國郡之異，而武臣一準文階。其後三公大將封帶王爵者，妾亦受封，特視正妻減階耳。若郡縣君，則先曾王太母亦封縣君。正和二年詔除之。」頁2566上。觀此可知婦女在政治地位上的被動性。不過也有夫隨妻品的特例，洪邁，《容齋三筆》（四庫全書本，子部一五七）卷十六載：「本朝宗室袒免親女出嫁，如壻係白身人，得文解者爲將仕郎，否則，承節、承信郎。妻雖死，夫爲官如故。」

爲了便於進行較趨近於總體性的比較和歸納，尤其是婦女在理論和現實之間的取捨情況，乃暫不考慮品官之家的命婦，而以民婦爲主要分析對象。又因家族向爲中國社會結構中的強固基本單位，幾乎每個人都與家族脫離不了關係，倫常觀念乃被視爲理所當然，歷代統治者對違背倫理者無不處以重罰，而社會衡量一個人的人格，多少是以他在家庭中的表現良否爲斷〔註11〕，因此本文首重宋代婦女在家族中的權利與義務，其次方及於他們在社會上的活動及貢獻。

迄至目前爲止，雖沒有專研宋代婦女的專書，但單篇論文及在通論性著作中別立章節而討論的，並不算少，若以觀點來分，可分爲兩派：一派認爲宋代是婦女地位低落的開端，判斷的角度是婦事舅姑，夫妻關係及貞節、再嫁問題，這一派可以陳顧遠、陳東原、朱瑞熙諸先生作代表。

陳顧遠在《中國婚姻史》中，特別注意到中國人婚姻的主要意義在於家族目的，而鮮少個人意志。於婦女地位方面，以是否限制再嫁及對貞操的要求，作爲判斷的指標，因取材經典、正史及法典爲主的關係，結論是宋以後的婦女地位較前代低落〔註12〕。此結論恰爲歷代經典研究及知識份子的學說作註解，卻忽略了理論和現實的差距。又陳氏做了個太快的推理：以程頤「餓死事極小，失節事極大」〔註13〕爲起點，中間漏掉兩百多年，便直接與元明清之婦女受到較多束縛的現象相通，而斷言宋代首貽此禍，實難視爲平允之論。

陳東原的《中國婦女生活史》，上自上古，下至近代，蒐羅的材料極廣，爲一部力作。但作者寫作是書，一方面極端同情女子，爲我國婦女同胞叫屈；另一方面則站在嚴厲批評的立場上來討論史事〔註14〕，有時難免以今非古，造成稍欠嚴謹的取材與推論。如其引《禮記·內則》來解釋婦事舅姑之道，以爲那是給女子的一項極繁重的單方面束縛，實則陳氏忽略了原書所載，事父母、舅姑是要「子」和「婦」一體行動的，並非僅對婦的單方面要

〔註11〕參見賴澤涵，〈我國家庭的組成，權力結構及婦女地位的變遷〉，頁383。

〔註12〕參見陳顧遠，《中國婚姻史》，台北：商務印書館，民國55年。

〔註13〕《二程全書》（四部備要子部，中華書局據江寧刻本校刊），《河南程氏遺書》第二十二下〈伊川先生語錄〉八下，頁3。

〔註14〕陳東原，《中國婦女生活史》：「我只想指示出來男尊女卑的觀念是怎樣施演，女性之摧殘是怎樣的增甚，還壓在女性背脊上的是怎樣的歷史遺蛻！」台北：商務，民國75年10月台八版，頁19。

求〔註15〕。又陳氏推論「貞節被重視的時代，一定是社會不講貞節的時代。」
〔註16〕實爲一有問題的推論。尤覺奇怪的是：作者明明已發現「宋儒雖然照禮主張，事實卻跟著社會走的」〔註17〕，卻仍下宋代婦女於貞操離婚上飽受壓抑的結論。有宋一朝三百餘年，而一般學者總習於宋明連稱，致淹沒了宋代的事實，可謂學術上的一大疏忽。

朱瑞熙的《宋代社會研究》，乃採取宋代的筆記文集，附以理學家的理論作論證，以支持其宋代女權低落的觀點。此書的優點是突破若干歷史材料的限制，利用非官方的資料，提供另一種觀察的方法，並注意到理學家的學說所可能產生的影響。但另一方面卻忽略了某些文集作者所要傳遞的整體觀念，遽然摘錄其片斷的敘述，而與程頤等理學家的言論相結合，致所下的結論恐失之於偏。例如洪邁，《夷堅志》中有多則夫死改嫁而故夫崇妻，及妻死再娶而故妻崇夫的記載〔註18〕，依筆者管見所及，這些記載所要傳遞的意念是：夫妻雙方於任何一方未亡之前，因彼此恩愛而有不再娶或不改嫁的誓約，卻於其中一方死亡之後背約，造成另一方爲了對諾言的要求，便作崇於背約的一方。這種故事情節除了傳達時人的冥報觀念外，作者所要強調的是守信重義的精神，而此情操無分男女，並非對女子單方面的要求。這點又可從其他夫死改嫁或離婚再嫁而得幸福的故事〔註19〕得到證明。因此朱氏只拿夫死

〔註15〕 同前書，頁39，氏引文者：「如事父母。雞初鳴，咸盥漱，櫛縰，笄總，衣紳。左佩紛帨，刀礪、小觿、金燧，右佩箴管、線纊、施繁袠、大觿、木燧；衿纓綦屨，以適父母舅姑之所。及所，下氣怡聲，問衣襖寒，（中略）問所欲而敬進之，柔色以溫之。」依管見，自「婦事舅姑如事父母」到「衿纓綦屨」恰爲婦事舅姑之佩戴之小結，與《禮記》上文「子事父母」爲一對稱。而以下的「以適父母舅姑之所」指的是「子適父母之所」及「婦適舅姑之所」，否則實無需「父母、舅姑」連用。因此全文斷句應如下：「子事父母……衿纓綦屨；婦事舅姑如事父母，……衿纓綦屨。以適父母舅姑之所，及所，下氣怡聲……父母舅姑必嘗之而後退。」（請見《十三經注疏·禮記》卷二十七〈內則〉頁 517～518。

〔註16〕 前引書，頁 43。

〔註17〕 前引書，頁 139。

〔註18〕 夫死改嫁而故夫崇妻之例有二，見洪邁，《夷堅甲志》卷二〈陸氏負約〉條及《丁志》卷十五〈汪澄憑語〉條，台北：明文書局，民國71年4月。妻死再娶而故妻崇夫之例有：《甲志》卷十三「楊大同」條；卷十六「鄭畯妻」條。《丙志》卷四「小溪縣令妻」條。《丁志》卷九〈太原意娘〉條；卷十八〈袁從政〉條。《夷堅志三補》〈崔春娘〉條、〈夢前妻相責〉條。

〔註19〕 見《夷堅丁志》十八〈袁從政〉條；《夷堅支丁志》卷九〈鹽城周氏女〉條；《夷堅志》卷十八〈樂先生〉條。

改嫁而故夫爲崇的材料作爲宋人反對再嫁的證據，是稍嫌不足的。〔註 20〕

　　另一派認爲宋代婦女，尤其是民婦，並未受到深刻的禮教束縛，且理學於此時尚未發生影響力。持此論的學者有龐德新、李甲孚、張邦煒諸先生。龐先生在宋代兩京市民生活一書中，對於婦女地位的見解，並不否認傳統男尊女卑的觀念，但他也對宋代理學家的影響力作了一番考證和評估，認爲「道學雖創始於宋，但在當時未被重視，禮教所加於婦女身上的束縛仍寬，她們的行動，還是相當自由的。」〔註 21〕此外李甲孚先生在中國古代的婦女生活中也指出理學家的理論和社會實情的差距〔註 22〕。張邦煒先生在〈宋代婦女再嫁問題探討〉一文中則指出，「理學不是宋朝政府的官方哲學和主要統治思想」〔註 23〕，並且「宋代對於婦女改嫁絕非愈禁愈嚴，相反倒是限制愈來愈小，越放越寬。」〔註 24〕

　　此外鮑家麟編著，《中國婦女史論集》中也有多篇相關論文〔註 25〕，而專自法律文書來作分析的也不少〔註 26〕，不再一一介紹，只於參考徵引時再說明。

　　在以上的論文或專書中，有的是取材上未能面面俱到，如以律令爲主的，

〔註 20〕 參見朱瑞熙，《宋代社會研究》，台北：弘文館出版社，民國 75 年，頁 134～139。

〔註 21〕 龐德新，《宋代兩京市民生活》，香港：龍門書店，1974，頁 122、126～128。

〔註 22〕 李甲孚，《中國古代婦女生活》，台北：黎明文化事業公司，民國 62 年。

〔註 23〕 張邦煒，〈宋代婦女再嫁問題探討〉，《宋史研究論文集》，1984 年年會編刊，1987 年版，頁 606。

〔註 24〕 同註 24，頁 593。

〔註 25〕 鮑家麟著，《中國婦女史論集》，台北：牧童出版社，民國 68 年。與本文有關者爲：蔡獻章，〈中國多妻制度的起源〉；董家遵，〈歷代節婦烈女的統計〉及〈從漢到宋寡婦再嫁習俗考〉；高邁，〈中國娼妓制度之歷史的搜究〉；聶崇岐，〈女子再嫁問題之歷史的演變〉；全漢昇，〈宋代女子職業與生計〉。

〔註 26〕 陳顧遠，《中國法制史》，上海：商務印書館，民國 24 年再版，頁 36～42。戴炎輝，《中國身分法史》，台北：司法行政部，民國 48 年 12 月。林咏榮，《中國法制史》，台北：三民書局經銷，民國 49 年 6 月初版，69 年 9 月增訂八版。陳顧遠，《中國法制史概要》，台北：三民書局，民國 53 年 2 月初版，66 年 8 月五版，頁 53～56。戴炎輝，《中國法制史》，台北：三民書局，民國 55 年。楊鴻烈，《中國法律發達史》，台北：商務印書館，民國 56 年。趙鳳喈，《中國婦女在法律上的地位》，台北：食貨出版社，民國 62 年 3 月。張金鑑，《中國法制史概要》，台北：正中書局，民國 63 年 8 月初版，頁 6～8。島田正郎撰，葉潛昭譯，《東洋法史——中國法史篇》，台北：鼎文書局，民國 68 年 9 月，頁 94、98。瞿同祖，《中國法律與中國社會》，台北：里仁書局，民國 73 年 9 月，頁 361～371。

便忽略到了可以反映社會現實生活的筆記小說；有的是使用材料的範圍雖廣，但總還有不夠深入或未作多角度的觀察之感，本文乃試圖作一彌縫的工作，尚祈師長多加指正。

拙稿擬分四章論述，第二章從法律上看民婦之家族角色與地位，首在透過條法的分析以了解宋代婦女的法定地位。第三章從社會實態看民婦之家族角色與地位，希透過較廣的取材，包括風俗習慣、倫理道德、教育等，來重新檢視法令，以及知識份子的見解及社會實態之間的相互關係。第四章專論貞節與再嫁，藉以了解當代人對這兩個問題的看法與實際上的差別。第五章婦女的職業與生計，擬透過對婦女職業的觀察，以明其維生的能力與社會功能。

第二章　從法律上看民婦之家族角色與地位

　　法典通常是當政者及知識份子，以倫理道德爲主，再參酌社會的實際需要而製定的，可以說是強制性的社會規範，是倫理道德的明文化。因此從法典入手作民婦研究，可以看出倫理道德對婦女的要求重點，以及知識份子爲婦女規範所制定的理想行爲模式。

　　中國法典所具有的禮治觀念、家族主義色彩及尊卑長幼概念，目前已爲學界所公認〔註1〕，宋代的法律自也不能例外。但中國歷朝的法典固是萬變不離其宗，仍然有因時代特殊社會經濟情形而有所修訂者，因此並不能僅用前代法來涵蓋後代的法制。前輩學者以唐律爲中世以前中國法典之集大成者，便均致力於唐律的探討，對唐以後的宋律，不是忽略了，便是直接用唐律來解釋它，少有人專對宋代法典作深入研究。本論文爲了對宋代民婦的家族角色與地位有所了解，便先從法典入手，以尋出其基本的立足點。

　　關於材料，在此須特加說明的是：宋代各朝均有法典的編纂，可惜大部分都喪失了，目前所能見到，能代表北宋法的是《宋刑統》一書，而南宋法則爲《慶元條法事類》及判案彙編的《名公書判清明集》，《宋刑統》屬於北宋的作品，後兩者則爲南宋末的作品，中間一隔三百年，在資料不齊的狀況下，只能從散見各期的敕令，或筆記文集中所引的法規，尋求一接合點，這對研究工作而言是一大障礙，但也是不得不爾的方法。筆者衷心期待新資料的出現，至於遺漏處，更祈方家指引。此外也因爲材料的限制，本章暫時僅

〔註1〕見第一章，註26。

以婚姻及財產兩項為討論重點。

第一節　女兒的角色與地位

一、婚　姻

　　婚姻在中國人的觀念中，具有極重要的家族意義，所以《禮記》卷六一〈昏義〉載：「昏禮者，將合二姓之好，上以事宗廟，而下以繼後世也。」（頁 999 下）是家與家的結合，非子女意願的結合〔註2〕。因此，按照宋代法律，祖父母、父母為當然的主婚人。《宋史‧禮志》載適婚男之父祝於祖先神位曰：

> 某子某，年若干，禮宜有室，聘某民，第幾女，以某日親迎，攻告。〔註3〕

是以父為主婚人。又《宋刑統》〈戶婚律〉載：

> 諸嫁娶違律，祖父母，父母主婚者，獨坐主婚。若周親尊長主婚者，主婚為首，男女為從。餘親主婚者，事由主婚，主婚為首，男女為從；事由男女，男女為首，主婚為從。〔註4〕

則凡是尊長對卑幼均有主婚權，是為一變通性措施。唯若直系尊長在，則為當然的主婚人，是無可置疑的，故倘嫁娶違律亦由其負全責。而在室女若無人主婚而與人私通，在法則以姦論，往後恐亦無人禮娶〔註5〕，可見主婚人的重要，且在室女對自己的婚姻並無自主權。相對於離家在外的男子而言，他們可以以環境條件特殊的理由，不必經過父母的同意而「自娶妻」，《宋刑統》卷十四〈戶婚律〉載：

> 諸卑幼在外，尊長後為定婚，而卑幼自娶妻，已成者，婚如法。未成者，從尊長，違者杖壹陌。（頁 467）

〔註2〕島田正郎，《東洋法史──中國法史篇》，頁 99。

〔註3〕元脫脫，《宋史》卷一一五〈禮志〉六八〈嘉禮六〉，頁 274。

〔註4〕宋竇儀，《宋刑統》卷十四〈戶婚律〉，台北：文海出版社，民國 53 年 8 月，頁 478。

〔註5〕《夷堅支志庚》卷十，記〈吳淑姬嚴蕊〉事云：「湖州吳秀才女，慧而能詩詞，貌美家貧，為富民子所據，或投郡訴其姦淫。王龜齡為太守，逮係司理獄。既伏罪，且受徒刑。（中略）明日，以告王公，言其冤。王淳直不疑有欺，亟使釋放。其後無人肯禮娶。周介卿石之子買以為妾，名曰淑姬。」頁 1216～1217。

依上述，即使是父母在不知情的情況下爲他訂了婚約，只要他成婚在前，這段自行做主的婚姻仍具法律效力。由此可見，在室女在婚姻法上較諸男子有更多的束縛。

至於婚姻的成立，又可分爲定婚和成婚兩個階段。本節因以未成婚女子爲主要研究對象，所以先介紹定婚。

定婚首重婚約，只要有婚書、私約或聘財三項中的任何一項，即可得到法律的保障，《宋刑統》卷十四〈戶婚律〉載：

> 諸許嫁女，已報婚書，及有私約，而輒悔者，杖陸拾（註云：男家自悔者不坐，不追娉財）。雖無許婚之書，但受娉財亦是。（頁447）

此爲北宋法，南宋亦然，《明公書判清明集·戶婚門》載：

> 在法：許嫁女已投婚書及有私約而輒悔者，杖六十。（中略）雖無許婚之，但受聘財亦是。法云，聘財無多少之限。〔註6〕

但我們要注意的是，這種保障所給予男方的多，於女方的卻少，這點可自婚約的解除上來看。按宋律，只要有女方重覆許婚、男家無過失再聘、違律爲婚或定婚無故三年不成婚，這四種情形中的任何一種，便可解除婚約。而在這四種中，違律爲婚〔註7〕是法律上的強制離婚，不分男方或女方均受同樣的待遇，故《宋刑統》卷十四〈戶婚律〉謂：

> 諸違律爲婚，當條稱離之，正之者，雖會赦猶離之、正之，定而未成，亦是，聘財不追，女家妄冒者追還。（頁477）

而男家無過失再聘，是指男家卑幼離家在外自行結婚，而家長又在不知情的狀況下爲他訂了親，此時如果卑幼已成婚，則可與家長代訂之女解除婚約，如果未成婚，就必須與自訂之女解除婚約。換言之，法律允許男方在不知情的狀況下，雖同聘兩女，只要擇一而娶，另一個可以悔約，且不必受到法律的制裁，而事實上，所謂的「不知情」是有法律漏洞的。反觀女方如果重覆許婚，卻有諸多的罰則，《宋刑統》卷十三〈戶婚律〉，「許婚女報婚書」

〔註6〕《明公書判清明集》（新校本）〈戶婚門〉，「女家已回帖而翻悔」條，北京：中華書局，1987。

〔註7〕宋人的婚姻禁約有：(1)父母被囚嫁娶、(2)居喪嫁娶、(3)同姓不婚、(4)近親族屬不得爲婚、(5)良賤不婚、(6)義絕。若明知故犯，均應受到法律的制裁。以上見《宋刑統》卷十三〈戶婚律〉，頁453～455；同律，卷十四，頁458、471～474。《宋會要輯稿》，〈刑法二之七六〉，「宣和元年八月十九日」條，頁6533。《容齋續筆》卷八〈姑舅爲婚〉條，台北：大立出版社，頁318。

條載：

> 若更許他人者，杖壹陌；已成者，徒壹年半。後娶者知情，減壹等。
>
> 女追歸前夫；前夫不娶，還娉財，後夫婚如法。（頁 447）

又《清明集・戶婚門》，「女家已回定帖而翻悔」條載：

> 在法，諸背先約與他人為婚，追歸前夫。（頁 873）

即除了重覆許嫁女要追歸前夫外，主婚人還要受到杖責；如果前定婚男不願禮娶，方可歸後定婚男，但後定婚男如果以不知女方重覆許婚為由加以拒絕，可以不負成婚義務，和前定婚男一般，可收回娉財。法律只有在男方於訂婚三年後還不完婚，方給予女方退還娉財，解除婚約的權利。《清明集・戶婚門》，「嫁娶」載：

> 諸定婚無故三年不成婚者，聽。（中略）若還娉財而聽離，初非違法。
>
> （頁 875）

此相應於前述各項，可謂有相當大的差別待遇，所以婚約對女方而言，並無保障可言。

　　在中國父系社會制下的婚姻，通常由女子脫離父宗而加入夫宗，原來在娘家的權利義務降低，而於夫家的權利義務相對的提高，也就是正式成為夫家宗族的一分子，其一切作為需以丈夫的家族利益為依歸。但是除了嫁娶之外，還有一種因現實需要而產生的招贅婚。招婚是使男入於女家〔註8〕，其目的有二：

　　1.為扶養或家產傳承：招家缺少男子，因而招婚，令其養老或管理家財。

　　2.為得繼嗣：招家缺少男子孫，因而招婚以求男子孫，以使祭祀及家業有人繼承。〔註9〕

　　因此招婚之目的亦有家族意義。

　　關於招婚之種類、成婚要件及身分上的規定，宋律雖闕如，但在《宋會要輯本・刑法二》中卻載：

〔註8〕班固，《漢書》卷四十八〈賈誼傳〉：「秦人家富子壯則出分；家貧子壯則出贅。」台北：鼎文出版社，民國 65 年 10 月，頁 2244。司馬遷，《史記・始皇本紀》載秦始皇修長城，開南方三郡，皆發贅婿。又卷一二六，〈滑稽列傳〉載：「淳于髡者，齊之贅婿也。」台北：鼎文出版社，民國 65 年 6 月，頁 3197。可見招贅古已有之，且多貧家男子，入於女家，而為其勞動人口之一，以主持門戶。

〔註9〕戴炎輝，《中國身分法史》，頁 78。

（太宗淳化元年）九月二十一日，崇儀副使郭載言，前使劍南日，
見富人家多召贅婿與所生子齒，富人死即分其財，貧民多捨其父母
出贅，甚傷風化，而益爭訟，望禁之。（詔從其請。（頁 6497）

可見招婿的人家多爲富人無子者，而入贅者多爲貧乏之家，且在民間，贅婿
也可中分妻家財產。但太宗時以此事傷風化而禁絕之，實亦可見此事在當時
並非鮮事。

二、財產權

在中國的家庭制度之下，家產係家屬之共有財產，管理權總攝於家族尊
長，卑幼不得擅自使用。《禮記》卷十五〈坊記〉載：

父母在，不敢有其身，不敢私其財。（頁 17）

即在講這層道理，而宋代法律亦承襲此一觀念，《宋刑統》卷十二〈戶婚律〉
載：

諸同居卑幼，私輒用財者，拾尺笞拾，拾匹加壹等，罪止杖壹陌。

即同居應分，不均平者，計所侵，坐贓論，減參等。（頁 411）

此所謂同居卑幼是不分男女的，且包括妻妾在內。但如果是父母尊長所命之
分析，則不受父母在不別籍異財的限制；至於父母亡歿後之分財，則屬於財
產繼承法部分，以兄弟均分爲原則〔註10〕。但亦另有女子應分財產之相關規
定。女兒的財產應分項目及應分額可細分爲以下五類：

（一）嫁　資

女兒因不繼宗祧，不是法定的應分人，在一般狀況下（父母存，或有兄
弟應承分人）僅撥家產的一部分充其嫁資。《宋刑統‧戶婚律》規定女子可比
照男聘財減半作爲粧奩：

其未娶妻者別與娉財，姑姊妹在室者減男娉財之半。（卷十二，頁
412）

另《清明集》卷七〈戶婚門‧立繼類〉「立繼有據不爲戶絕」條載：

已嫁承分無明條，未嫁均給有定法。諸分財產，未娶者與聘財，姑
姊妹有（按：應爲「在」）室及歸宗者給嫁資，未及嫁者則別給財產，
不得過嫁資之數。

〔註10〕宋刑統，卷十二，戶婚律：「戶令，諸應分田宅者及財物，兄弟均分。」頁
412。

可見在室女可得嫁資，實受法律的保障，《清明集·戶婚門》，〈取贖類〉有一判例，據云：

> 江氏兒父江朝宗，於淳熙十五年用見錢一百貫足典江通寶田共三段，又於紹熙四年內用見錢一百貫再典田一片，共二段，續於嘉定五年撥與女江氏兒隨嫁黃主簿。（頁230）

又同書〈爭業類〉蔣汝霖控繼母奪業案判曰：葉氏（蔣汝霖繼母）親生女歸娘得穀三十三碩為隨嫁，蔣汝霖不得干預。另葉氏之養老田因有蔣汝霖承分，故不得遺囑與親生女。〔註11〕

（二）父亡，在室女承父分

在分析族財時，若應分人已亡且無兒孫，而有在室女，則在室女可得父應分族財之半，餘一半沒官。《清明集·檢校類》有此判例，文云：

> 其曾士殊之業照條合以一半給曾二姑，（中略）興詞雖在已嫁之後，而戶絕則在未嫁之先，如此則合用在室女依子承父分法給半，（中略）餘一半本合沒官。

（三）戶絕之女承分

所謂戶絕是指父母亡後，家中再無男子孫。於家財繼承方面，若戶絕而有在室女，則絕家財產盡給在室諸女，《宋刑統》卷十二〈戶婚律〉曰：

> 準喪葬：諸身喪戶絕者，所有部曲、客女、奴婢、店宅、資財，並令近親轉易貨賣，將營葬事及量營功德之外，餘財並與女。（頁414）

南宋律亦然，《清明集·戶婚門》〈立繼類〉載：

> 考之令文，諸戶絕財產盡給在室諸女。

但在南宋似乎有數額之上限，《清明集·戶婚門》〈爭業類〉載：

> 熊資身死，其妻阿甘已行改嫁，惟存室女一人，戶有田三百五十把當元，以其價錢不滿三百貫，從條盡給付女承分。

〔註11〕 其案為：蔣森死後，其繼室葉氏將家財分為三，即蔣汝霖、葉氏及其親生女歸娘各得一分，歸娘所得為隨嫁奩田。蔣汝霖於已業賣破，復訟其繼母將養老田遺囑與親生女，法司斷其曲直，令歸娘隨嫁田依舊歸其所有，其葉氏養老田則母子共同掌管，並不得在有承分人蔣汝霖的情況下遺囑與親生女。（見《清明集·戶婚門》〈爭業類〉，又〈爭田業類〉「訴奩田」條亦載一事，據稱：「石居易念其姪女失怙，且貧無奩具，批付孟城田池，令姪石輝求售，為營辦之資。」可見嫁資為女子財產來源之一。

可見戶絕之女承分額以三百貫爲上限。另若父親死後的伯叔分家，女兒除了可以得到父親應分族財的一半之外，其亡父生前的私置田業因不在家族共財之內，也可以由女兒全部繼承，《清明集・檢校》曰：

> 仕殊私房，置到物業，合照戶絕法盡給曾二姑。

可見戶絕之家，在室女同親子般可以繼承父親的遺產。此外，若有出嫁親女被出，或其夫亡無子，不曾分割有夫家財產，人已還歸依父母生活，其後戶絕者，此女也可準在室女之例，繼承遺產。〔註12〕

　　至於戶絕而只有出嫁親女，北宋律規定出嫁女僅能得遺產的三分之一，餘沒官。《宋刑統・戶婚律》載：

> 臣等參詳，請令後戶絕者，所有店宅蓄產資材，營葬功德之外，有
> 出嫁女者，參分給與壹分，其餘並入官。〔註13〕

且法司在判斷繼承資格時亦相當的嚴謹，《夢溪筆談》中記一案例道：

> 邢州有盜殺一家，其夫婦即時死，唯一子，明日乃死，其家財產戶
> 絕法給出嫁親女，刑曹駁曰：其家父母死時，其子尚生，財產乃子
> 物，出嫁親女乃出嫁姊妹，不合有分。〔註14〕

這個判決的焦點在：此家的財產所有權於父母死時，便已自然轉移到應承分的兒子身上，直到兒子身亡後才算得上是戶絕，因此在財產繼承法方面，出嫁女與此絕戶家的關係只能視爲出嫁姊妹，而不能以出嫁女論，且亡人並未遺囑與緦麻以上親，所以她們在這種情況下是沒有財產繼承權的。

（四）有親子之女承分

　　此指父母雙亡，但有兒有女，並未戶絕，於北宋律，未見女兒可承分的確實規定，但觀《宋史》卷三四六〈呂陶傳〉之案例可知法律並未對非戶絕之家之女承分有所禁止：

> 呂陶字元鈞，（中略）調銅梁令，民龐氏姊妹三人冒隱幼弟田，弟
> 壯，愬官不得直，貧至傭人於奴，及是又愬，陶一問，三人服罪，
> 弟泣拜願以田半作佛事以報。陶曉之曰：「三姊皆汝同氣，方汝幼

〔註12〕《宋刑統》卷十二〈戶婚律〉，頁414。
〔註13〕同註12。另《宋會要輯稿・食貨》六一之五八亦載：「（仁宋天聖）四年七月，審刑院言，詳定戶絕條貫，今後戶絕之家，如無在室女，有出嫁女者，將資財、莊宅、物色，除殯葬營齋外，三分與一分。」頁5888。
〔註14〕沈括，《夢溪筆談》（稗海本）卷十一，台北：新興書局，民國57年10月，頁4。

時，適爲汝主之爾；不然亦爲他人所欺，與其捐半供佛，曷若遺

姊，復爲兄弟，顧不美乎？」弟又拜聽命。（頁 10977～10978）

上述案例乃視實況而擬的一個變通辦法，至南宋則直接承認只要父母雙亡，女
兒可以分到兒子所分得家產的二分之一，《清明集・戶婚門》，「分析」條載：

在法，父母已亡，兒女分產，女合得男之半。

島田正郎氏認爲「此雖爲以華中、華南之權力與法律作爲基礎之南宋制定法
所規定，而實際上，包括淮河以南長江流域之地方習慣，自古以來即有此種
繼承情形，僅北朝系統之唐代法及繼受唐代法之北宋法，未將這些地方之習
慣加以反映而已。」〔註 15〕此論可與前引之北宋例相輝映，令人注意到法律
與現況間之相互關係。

（五）有繼絕者之女承分

繼絕謂戶絕之家，有立繼、命繼或養子孫，此統稱爲嗣子，其與親女間
有因各種情況而分配家產的詳細規定，這些規定僅見於南宋法，北宋則僅對
嗣子之身分作一法上的界定，茲論述如下：

養子特指戶長在生前無親子者的立嗣，養子與在室親女間，於父母亡後
分產，若沒有父母特立的遺囑，準法爲男女各得其半。《清明集・遺囑類》，
「女合承分」條載：

鄭應辰無嗣，親生二女曰孝純、孝德，過房一子曰孝先，家有田三
千畝，庫一十座，非不厚也。應辰存日，二女各遺囑：田一百三十
畝、庫一座與之，殊不爲過。（中略）若以他郡均分之例處之，二女
與養子各合受其半。

此法令的意義在於養子雖負有繼宗祧、奉祖先血食之責，但中國人向以兄弟
姊妹爲同氣，何況骨肉之親，非繼嗣之猶子所能及，因此范應鈴（西元 1205
年進士）語云：「二女乃其父之所自出，祖業悉不得以霑其潤，而專以付之過
房之人，義利之去就，何所擇也？」〔註 16〕故親女與嗣子間於財產繼承方面
差不多是平等的，甚至應優於嗣子。

立繼乃指夫亡無子，妻爲夫繼嗣，其身分擬於親子，於家族分財方面，
同子承父分法〔註 17〕，此時的女兒因不具有絕戶的資格，除嫁資外，沒有分

〔註 15〕島田正郎，《東洋法史──中國法史篇》，頁 94。
〔註 16〕此語出自《清明集・戶婚門・遺囑類》，「女合承分」條。
〔註 17〕同前書同門，立繼類：「立繼者，謂夫亡而妻在，其絕，則其立也當從其妻。

取族產的資格，然當本房之兒女分產，法雖無明文，據推測應從前述養子與親女均分之例。

命繼指夫妻俱亡，由近親尊長爲其擇一昭穆相當之人爲嗣，以使其血食不斷〔註18〕。嗣子應分額至少應與親女等，但法律爲了防範人性上捨義就利的弱點，扼止族親間對他人產業的之覬覦〔註19〕，乃因應各種情況訂出一套命繼之子與親女間的分產法則。《清明集・立繼類》載：

> 諸已絕之家，立繼絕子孫（謂近親尊長命繼者），於絕家財產，若止有在室諸女，即以全戶四分之一給之。若又有歸宗諸女，給五分之一。止有歸宗諸女，依戶絕法給外，即以其餘減半給之，餘沒官。
> 止有出嫁諸女者，即以全戶三分爲率，以二分與出嫁諸女均給，餘一分沒官。

在《清明集》中引用此一條文之處甚多〔註20〕，今列簡表如左：

戶　絕　之　家	繼　子　當　得	女　應　得	沒　　　官
止有在室女	四分之一	四分之三	
有在室並歸宗女	五分之一	五分之四	
止有歸宗女	四分之一	四分之一分半	四分之一分半
止有出嫁女	與諸女均分三分之二	與繼子等	三分之一
無在室歸宗及出嫁女	三分之一	——	三分之二

〔註21〕

觀上表可知，親女在遺產繼承方面之應分額多高於命繼之子，僅出嫁女與之等，由此可見法意之一般。

上述之家產繼承法均屬於法律上所明白規定的條文，然仍有於法無據卻實際存在的分產情形，此即父母仍存之兒女分產，《宋會要・刑法》二之四九載：

（中略）立繼者，與子承父分法同，當盡舉其產以與之。」

〔註18〕 同右：「命繼者，謂夫妻俱亡，則其命也，當惟近親尊長。」

〔註19〕 在《清明集》之立繼、爭業、女承分類有多則案例。

〔註20〕 見右書，〈爭業類〉，「熊邦兄弟與阿廿互爭財產」條及「羅棫乞將妻前夫田產沒官」條，及〈立繼類〉，「已有親子不得命繼」條。

〔註21〕 此表引自徐道鄰，《中國法制史論集》，「宋律佚文輯註」，台北：志文出版社，民國64年8月，頁79。其「無在室歸宗及出嫁女」見於《清明集・戶婚門》，「女承分」條：「命繼者（中略）若無在室歸宗出嫁諸女，以全戶三分給一，並至三千貫止，即及二萬貫增給二千貫。」因本文專論女承分，故不細論。

（徽宗大觀三年）五月十九日，臣僚言，伏見福建路風俗，（中略）
獄訟至多，紊煩州縣。家產計其所有，父母生存，男女共議私相分
割，爲主，與父母均之。（頁6520）

此外除了可以作爲北宋時代，女兒所能擁有之財產權之補充外，益可見島田
氏所論〔註22〕之可能性。

最後要附帶說明的是贅婿的財產承分權。前文已述及贅婿多貧乏人家子
弟，入贅於富室，其目的不外是使其幹當營建，以保家業於不墜，因此，在
財產繼承方面對他也有所報償，《清明集》卷七〈戶婚門·立繼類〉，「立繼有
據不爲戶絕」條載：

在法：諸贅婿以妻家財物營運，增置財產，至戶絕日，給贅婿三分。
（頁216）

據此，贅婿在妻家戶絕之後可得遺產，但此所謂的「三分」則不知何指？是
三分之一抑或十分之三，則莫究其詳。

綜合本節所論，與在室女有關的宋代婚姻法特別著重在婚約的締結，只
要定婚即具備法律上的效力，而女方所負的成婚義務較男方爲重，只有在男
方無故拖延婚期三年時方可解約，且此法規只見於南宋。可見在議婚過程中，
法律較偏重於男方家族利益的保障；相對的，女家乃處於較被動的地位。財
產法方面因秉「父母在不有私產」的原則，女兒的私有財產權僅限於嫁資的
取得以及父母亡歿後的承分權，其比例又因在室女、歸宗女、出嫁女之不同
身分而有變化；而且在南宋，女子取得財產的管道又較北宋爲多〔註23〕。因
此，以兩宋之婚姻法與財產法相較，南宋法更趨於合理化，也不能不謂爲時
勢逐漸推移下的一個結果，而自島田氏的地域經濟理論觀之〔註24〕，亦值得

〔註22〕請見本子目「有親子之女承分」所引。
〔註23〕茲繪一比較簡表於左：

項　　　　目	北　宋	南　宋
嫁　資	有	有
父亡，在室女承父分（族產）	無規定	可
戶絕承分	全部承分	有上限
有親子女承分（兒女分產）	未禁止	可
有繼絕女承分	無規定	可

〔註24〕島田氏謂：「我認爲女子繼承法和經濟生活上的迫切需求，具有密切的關連。

再作研究。

第二節 妻的地位

一、婚姻關係

　　婚姻在中國具有重要的家族意義，即所謂「上以事宗廟，下以繼後世」，因此結婚之後，婦女與夫族各成員間便建立起以其丈夫之服屬為準的對等關係，負載著嚴峻的權利與義務的關係。茲分述之：

（一）妻的法定地位

　　在法律上，妻子所負的責任相當重大，《宋刑統》卷十二〈戶婚律〉謂：

> 妻者傳家事，承祭祀，即具六禮，則取二儀。（頁 453）

在此原則之下，除非夫妻關係已經結束，妻的身分不容隨意更動，同書同律又云：

> 諸以妻為妾，以婢為妻者，徒貳年。（中略）議曰：妻者齊也，秦晉為匹，妾通買賣，等數相懸。婢乃賤流，本非儔類。若以妻為妾，以婢為妻，違別議約，便虧夫婦之正道，黷人倫之彝則，顛倒冠履，紊亂禮經，犯此之人，即合貳年徒罪。（頁 451）

至於有妻更娶，或以妻當商品貨賣，亦為法所不容。又云：

> 諸有妻，更娶妻者，徒壹年。若欺妄而娶者，徒壹年半，女家不坐，各離之。（頁 450）
>
> 諸和娶人妻及嫁之者，各徒貳年，妾減貳等，各離之，即夫自嫁者亦同。（頁 466）

在此，禮法所堅持的只是名分問題而已。一夫祇應一婦，斷無二婦並稱為妻之理〔註 25〕。近世學者於中國人的配偶制度持多種看法，有謂一夫一妻者，有謂一夫多妻者，有謂一妻數妾者。拙見以為自法令方面觀察，法律所承認

　　（中略）水田地帶的華中華南，比起華北平原的旱田地帶，在農業勞動上，前者期待需求女子勞動力的地方，遠比後者為多。因此也形成女子在家族（共同體）內經濟方面的崇高地位。」見島田正郎著，卓清湖譯，〈南宋家產繼承法上的幾種現象〉，《大陸雜誌》第三十卷四期，民國 54 年 2 月，頁 116。

〔註 25〕瞿同祖，《中國法律與中國社會》，頁 171。又，在金朝，妻的正統地位可維持到其死亡後的丈夫服內，《續文獻通考》卷一三五〈刑一〉載：「（金）章宗承安五年又定（中略）妻亡服內娶娼者亦聽離。」頁 4004。

的是一夫一妻制，而妾則不在限制之列，因此欲概括整個配偶制，應以一妻多妾制爲允當。誠然妻的法定地位有時也需透過爭取而來〔註26〕，但基本上，法律是站在維繫名分的立場上而加以保護的。

（二）妻與家族成員的關係

婚姻的成立即是以家族爲目的，若說妻於法上的定位是其權利的話，相對的，她對家族必須負擔相當的義務。本目將自夫妻關係、婦與夫之家族親屬的關係兩方面來討論：

1. 夫妻關係

綜合經典所論，歷代的夫妻關係可用「男尊女卑」四字概括〔註27〕，而宋代法典也承此概念，以妻爲卑幼，觀《宋刑統》卷十〈職制律〉即載：

> 若祖父母、父母及夫犯死罪，被囚罪而作樂者，徒壹年半。（頁342～343）

卷二十五〈詐僞律〉：

> 詐稱祖父母、父母及夫死，以求假及有所避者，徒參年。（頁851）

卷十七〈賊盜律〉：

> 諸祖父母、父母及夫爲人所殺而私和者，流貳阡里。（頁587）

以上都是以夫與祖父母、父母並稱，也就是說妻子必須以對待父母、祖父母的尊崇態度來對待丈夫，因此夫妻的身分關係自法律觀點言，根本就是不平等的。所以妻子不能檢舉丈夫〔註28〕，即使丈夫所犯的是不孝重罪，妻子仍必須因此檢舉而受罰〔註29〕。另外如果夫妻之間有鬥毆的行爲發生，一方面

〔註26〕《宋史》卷四四二〈蕭貫傳〉：「貫知饒州，有撫州司法參軍孫齊者，初以明法得官，以其妻杜氏留里中，而紿娶周氏入蜀。後周欲訴于官，齊斷髮誓出杜氏。久之，又納倡陳氏，挈周所生子之撫州。未踰月，周氏至，齊捽置廡下，出僞券曰：『若傭婢也，敢爾邪？』乃殺其所生子。周訴於州及轉運使，皆不受。人或告之曰：『得知饒州蕭使君者訴之，事當白矣。』周氏以布衣書姓名乞食道上，馳告貫，撫非所部，而貫特爲治之。更赦，猶編管齊濠州。」

〔註27〕《大戴禮記》卷十三〈本命篇〉云：「女者，如也。子者，孳也。女子者，言如男女之教而長其義理者也。故謂之婦人。」頁12。又《白虎通疏證》卷下〈嫁娶篇〉云：「陰卑不得自專，就陽而成之。」

〔註28〕《宋刑統》卷二十四〈鬥訟律〉載：「諸告周親尊長，外祖父母、夫、夫之祖父母，雖得實，徒貳年。」頁776。

〔註29〕《宋史》卷二四五〈周恭肅王元儼傳〉載：元儼子允迪之妻錢氏，告其夫居父喪不哀，雖審查得實，錢氏亦難逃度爲女冠的制裁。按「度爲女冠」應是

是告訴乃論，一方面在處罰的規定上因家庭地位的差異而有不同的待遇，《宋刑統》卷二十二〈鬥訟律〉載：

> 諸妻毆夫，徒壹年，若毆傷重者，加凡鬥傷參等（須夫告乃坐）；死者，斬。（中略）過失殺傷者各減貳等。（頁733）

又：

> 諸毆傷妻者，減凡人貳等；死者以凡人論。（中略）（皆須妻妾告乃坐，即死者，聽餘人告，殺妻仍爲不睦）。過失殺者各勿論。（頁731）

也就是說只要妻對夫有毆打的行爲，無論有傷無傷，即處壹年的徒刑，不若凡人鬥，從最輕的笞四十，到傷重的流三千里，有明細的等級劃分〔註30〕。反之，夫毆妻不論輕重均減凡人二等，且過失殺傷並不論罪。而這些規定的理由都是居於「其妻雖非卑幼，義與周親卑幼同」〔註31〕，即倫理和法律都要求妻對夫遵守與子孫相同的義務〔註32〕。唯有一點需特別注意者爲，若因而致死，兩者均準凡鬥論，處以斬刑。此乃因「夫妻以義合」，若危及基本生命安全，便屬「義絕」，不再適用這套尊卑相犯的原理。

　　此外，婦女還有一個特殊角色的問題：如果丈夫犯了謀反、謀大逆及謀叛等罪，妻子要跟著連坐〔註33〕。但如果是婦人本身犯罪，則止坐其身，不致波及親屬〔註34〕。此可可見女子在法律上有一相當矛盾的地位，一方面，她在父系社會中以其附屬地位卻必須負擔全面的義務，即所謂「三從之義」；但另一方面，若是自己本身犯罪，卻又脫離父宗或夫宗，成爲一個完全獨立

宋人對命婦或宗女的刑罰之一。李燾，《續資治通鑑長編》卷四三九載：「宗女犯罪度爲女冠，不許歸俗。」
〔註30〕見《宋刑統》卷二十二〈鬥訟律〉，頁687～695。
〔註31〕同上書，卷二十四，〈鬥訟律〉，頁781。
〔註32〕參瞿同祖，《中國法律與中國社會》，頁135。
〔註33〕《宋刑統》卷十七〈賊盜律〉：「諸謀反及大逆者皆斬，（中略）妻妾並沒官。（中略）即雖謀反，詞理不能動眾，威力不足率人者，亦皆斬，父子母子妻妾並流參阡里。」頁565。又「諸謀叛者，絞；已上道者，皆斬；妻子流貳阡里。若率部眾陌人以上，父母妻子流參阡里。」頁574。
〔註34〕許嫁在婚姻法上雖使女方有成婚的義務，然以此許嫁的身分，在緣坐的處理上，又可使抽離於父、夫兩家之外，不必負連坐的刑責，此可謂法律對婦女的一項較特別的保護。《宋刑統》卷十七〈賊盜律〉謂：「諸緣坐，（中略）若女許嫁已定，歸其夫，出養入道及娉妻未成者，不追坐。道士及婦人，若部曲奴婢，犯反逆者，止坐其身。」頁570。

而不被任何父系族裔所承認的個體，這是傳統婦女角色的一個相當弔詭的地方。

2. 妻與夫族親屬的關係

自妻與夫之父母、祖父母的關係言：宋人首重孝道，視媳婦與丈夫一起敬謹侍奉父母翁姑為天經地義之事，所以法律一再強調婦應視舅姑如視父母，不容有任何侵侮不遜的行為，《宋刑統》卷二十二〈鬥訟律〉載：

> 諸妻妾詈夫之祖父母、父母者，徒參年（須舅姑告乃坐）。毆者，絞；傷者，皆斬；過失殺者，徒參年；傷者，徒貳年半。（頁742）

又卷十七〈賊盜律〉規定：

> 諸謀殺周親尊長，外祖父母、父母、夫之祖父母、父母者皆斬。（頁577）

反之，翁姑與子孫之婦相犯，譴責不論；就算是毆打，只要不至於打成廢疾，一概不必負擔刑責，而即使有刑責，也仍較凡人相犯為輕，《宋刑統》卷二十二〈鬥訟律〉載：

> 毆子孫之婦廢疾者，杖壹陌；罵疾者，加壹等；死者，徒參年；故殺者流參阡里，妾各減貳等；過失殺者各勿論。（頁742）

此外，即使是亡夫已改嫁，仍不能完全脫離故夫之家族體系之外，若彼此有犯，不能視同凡人相犯，依然要序尊卑而定刑罰，《宋刑統》卷十七〈賊盜律〉載：

> 諸妻妾謀殺故夫之祖父母、父母者，流貳阡里；已傷者，絞；已殺者，皆斬。（故夫謂夫亡改嫁）（頁580）

除非是已被出或和離，方算脫離前夫之家族體系，一切以凡論。〔註35〕

另一方面，律令又注意到媳婦與翁姑的「義合」關係，這種關係表現在喪服服制上即婦為舅姑服「義服」，與子對父母的「正服」不同〔註36〕，所以婦之毆詈夫之祖父母、父母，與夫之毆詈祖父母、父母仍有判刑輕重之別，僅就詈罵言，任何人只要詈罵祖父母、父母便得絞刑〔註37〕，而媳婦詈罵翁

〔註35〕《宋刑統》卷二十二〈鬥訟律〉：「妻妾若被出及和離，即同凡人，不入故夫之限。」頁580。

〔註36〕《慶元條法事類》卷七十七〈服制門‧服制格〉規定：「斬衰參年，正服，子為父；（中略）義服，婦為舅。」又「齊衰參年，正服，子為母；（中略）義服，婦為姑。」頁547。

〔註37〕《宋刑統》卷二十二〈鬥訟律〉：「諸詈祖父母父母者，絞。」

姑僅徒三年。一輕一重之間顯示，子和父母間及媳婦與翁姑間的關係，仍有一親一疏之別，所以對於翁姑之毆責媳婦也不能無限制的放任，到太宗太平興國五年時特別規定：「自今繼母殺傷夫前妻之子及姑殺婦者，並以凡人論。」〔註38〕至此，姑殺婦，再不能擁有尊長毆責卑幼的特權，這可說是爲倫紀的合理化所作的調整，也可見宋人雖重婦對翁姑的孝道問題，但仍信守婚姻以義合的觀念而有各種折衝，尤其婆媳問題一直是家庭的死結，這種規定多少含有家庭份子間的雙向意義，對婦女也具有相當的保護作用。

　　再從婦與夫之旁系親屬的關係來看：因爲敦睦和諧是維持家族團結的必要條件，法律以維持家族倫理的立場，所有有關親屬間相侵犯的規定，都是以服制上親疏尊卑之序爲依據，所以妻子在加入夫家之後，她與夫族親屬的關係便隨著丈夫在家族中的身分爲轉移，夫屬卑幼，妻則爲卑幼，夫爲尊長，妻亦爲尊長，所以《宋刑統》卷二十三〈鬥訟律〉道：

　　　　若尊長毆卑幼，折傷者，緦麻減凡人壹等，小功大功遞減壹等，死者，絞。（頁736）

同理：

　　　　尊長毆傷卑幼之婦，減凡人壹等，（中略）死者，絞。（頁753）

而妻毆傷卑屬則與夫毆同〔註39〕。但是又因爲妻爲夫族的服制爲從夫降一等〔註40〕，所以妻若毆詈尊長，可減夫一等，同書同律載：

　　　　諸妻毆詈夫之周親以下，緦麻以上尊長，各減夫犯壹等，（中略）死者斬。（頁753）

此外叔嫂相犯方面，因基於「嫂叔不許通問，所以遠別嫌疑」的理由，若彼此相毆，各加凡人一等。〔註41〕

（三）離　婚

　　離婚除了意指夫妻婚姻關係消滅，尚有絕二姓之好之義，其家族意義往往更甚於個人。目前學界通常將離婚項目歸爲「七出、義絕及和離」三類

〔註38〕見《文獻通考》卷一七○〈刑九‧詳讞〉。及《宋史》卷二○○〈刑法志二〉，頁4986。

〔註39〕《宋刑統》卷二十三〈鬥訟律〉，頁753。

〔註40〕女子由本宗出嫁異姓，爲本宗之服因出嫁而降，爲夫族之服，從夫降一等。詳參陶希聖，〈服制之構成〉，《食貨月刊》一卷九期，民國60年12月，頁475～477。

〔註41〕《宋刑統》卷二十二〈鬥訟律‧議曰〉，頁745。

〔註 42〕，此三類中，「七出」爲妻子單方面的被休，「義絕」是法律上的強制離婚，「和離」爲夫妻雙方協議離婚。此實爲大分類，但若欲以此而明瞭所有離婚的內容，則仍嫌不足，似乎可再加「妻擅去、夫嫁妻及夫離鄉編管或經久不歸」三類。茲分述如下：

1. 七　出

「七出」在《宋刑統》中的順序爲：

一無子，二淫佚，三不事舅姑，四口舌，五盜竊，六妒忌，七惡疾。

（卷十四〈戶婚律〉）。

對此，學者討論已是既多且詳，故本文只就與婦女權益特有關者作一研究，並對前輩所略者作一補充。事舅姑一項爲妻子的當然義務，前文已有說明。盜竊一項於個人私德甚有關係，與婦女地位之高或低並無大關連；口舌乃是家族是否能緊密團結的一個重要因素，素來爲中國人所重視，但在法律上，雖訂爲七出項目，卻未見有實例，唯於宋儒文集中頗有論述，將在下章及之。今只就無子、淫佚、妒忌及惡疾四項來作討論。

子孫的有無關係到祖先血食及產業承繼〔註 43〕，是家族能否延續的關鍵，而生育是婦女的天職，所以宋人將「無子」列爲七出中的第一項。但依法，無子尚不足以構成絕對的離婚要件，必須是妻年五十以上，既無嫡子，也無庶子〔註 44〕，且無三不去〔註 45〕，方可出妻。實際上，因爲對繼承觀念的重視，除了一夫一妻外，尚有媵妾可以加強宗支的繁衍，所以因無子而出的案例很少見。

淫佚是宋人非常重視的問題，犯淫者既不適用於三不去的原則〔註 46〕，

〔註42〕 楊鴻烈謂，因訂婚太早的緣故，婚姻解除的條件並不限於「七出」和「義絕」。（參見楊鴻烈，《中國法律發達史》，頁 629）。然此尚僅特指訂婚而言，實則成婚後之離婚條件亦不止於此。

〔註43〕 依宋律，戶絕資產是要沒官的；因無子嗣，產業易遭他人之覬覦兼併。

〔註44〕 《宋刑統》卷十四〈戶婚律〉：「問曰：妻無子者聽出。未知幾年無子，即合出之？答曰：律云：妻年伍拾以上，無子，聽立庶以長。即是肆拾玖以下，無子，未合出之。」（頁 468）也就是說，只有在連妾子也無的情況下，且妻年逾五十，方可出妻，否則仍以違律論。

〔註45〕 同上卷又曰：「三不去者，謂壹經持舅姑之喪，貳娶時賤後貴，參有所受無所歸，而出之者杖壹陌，並追還合。」頁 468。

〔註46〕 同上卷曰：「雖犯七出，有三不去而出之者，杖壹陌，追還。若犯惡疾及姦者不用此律。」頁 467。

且不在減贖範圍之內〔註47〕。《宋刑統》卷二十六〈雜律〉規定：

> 諸姦者徒壹年半，有夫者徒貳年。議曰：和姦者男女各徒壹年半，
> 有夫者徒貳年，妻妾罪等。（頁894）

觀此知有夫而姦係採加重處罰，且妻妾在法律上的身分雖有高低之分，一旦犯姦，處分相同，可見時人對女人婚外情的極端排斥。在《慶元條法事類‧捕亡勅》又特別規定：

> 諸妾犯姦從夫捕。（頁512）

又〈鬥訟勅〉也有：

> 其夫因而殺之者，免爲不睦。〔註48〕

此外，如果有夫之婦與親屬相姦，因係亂倫，男女均得相同的處罰〔註49〕，這是因爲親屬間的性禁忌，每一份子皆有遵守的義務，有犯同爲淫亂，除強姦外，男女雙方皆同坐〔註50〕。在此要特別提出來討論的是，一般人以爲律令中沒有針對丈夫外遇的罪罰規定，是一嚴重的男女不平等的現象。拙見以爲，就當時人對姦淫罪的重視而言，發生婚外性行爲的男女雙方均應負擔法律責任，所以才有「諸姦者徒一年半」的規定；至於有夫之婦犯姦的加重處罰乃居於妻子有保族的義務，因「淫爲其亂族」〔註51〕所採取的措施，這點又可自親屬相姦方面，不分尊卑長幼，男女處分完全相同得到證明。所以就姦淫本身而言，法律的原則是男女當事人雙方平等對待；但就家族義務而言，則不掩女人之爲附屬品、純義務人而有差別待遇。

　　妒忌之爲七出之一，是極端男性主義的產物，也是婦女地位受到壓抑的一個既明顯又特別的標誌。依法，一夫只得有一妻，但卻不許妻子對丈夫納妾有任何不滿的表示，甚且承認其合法性。而婦女無論其結了幾次婚，永遠只能同一個男人生活在一起，要他不妒忌實爲相當困難的事。又因法律對男子納婢妾的維護，妒忌乃成爲女人唯一的一項武器。當政者在處理妻子妒忌的態度上是極端不合情理的。例如：

〔註47〕《宋刑統》卷二〈名例律〉：「男夫犯盜及婦人犯姦者亦不得減贖。」頁36。
〔註48〕不睦雖爲十惡罪之一，但處罰較輕，會赦得原。《宋刑統》卷一〈名例律〉言不睦道：「謂謀殺及賣緦麻以上親，毆告夫及大功以上尊長，小功尊屬。」（頁12）。又議曰：「不睦者，會赦合原。」（頁14）
〔註49〕見《宋刑統‧雜律》，「姦緦麻以上親及妻」條，「姦從祖母姑等」條。
〔註50〕參瞿同祖，《中國法律與中國社會》，頁53。
〔註51〕《大戴禮記》卷十三〈本命第八十〉，頁69。

> 王賓以供奉官充亳州監軍，妻極妬悍。時監軍不許挈家至任所，妾
> 擅至亳州，賓具以白上（太宗）。上召見其妻詰責，俾衛士鉸挦之，
> 杖一百，配爲忠靖卒妻，一夕死。〔註52〕

由此可見法律在處理妬忌案件的嚴屬。〔註53〕

惡疾被出，完全是以家族利益爲立場，其主因則如《禮記》所言：「有惡疾，爲其不可與粢盛也」〔註54〕，也就是說娶妻的目的，在令其主持祖先的祭祀，增加家庭的勞動力，若妻子喪失這份能力，就應該被休棄。在此觀念下，妻子無疑只是一件被當作器具來使用的附屬品，爲人妻者實無所謂終生歸依的保障。雖在實例上未見有妻犯惡疾被出的記載，然本條列爲離婚要項之一，實不合天理人道。

《宋刑統》卷十四〈戶婚律〉載：

> 諸妻無七出及義絕之狀而出之者，徒壹年半。雖犯七出，有三不去
> 而出之者，杖壹陌，追還。

以上是法律在離婚方面給婦女的一點保障。用現代的眼光來看，「七出」純粹是古代男性社會約束女性的禮教，但在古人的立場上，「七出」有保全女人的名節和維護健全家庭組織的作用，被出的女人可隨意改嫁，並不是失節，且「三不去」於七出有制衡的作用〔註55〕。這就端看吾人是以何種眼光來看待它了。

2.義 絕

「七出」是夫方以之爲要求離婚的條件，離不離，其權在夫；而「義絕」則爲當然離婚條件，只要有犯行就必須依法強制離異，其權在法律〔註56〕。

《宋刑統》卷十四〈戶婚律〉曰：

> 諸犯義絕者離之，違者徒壹年。

〔註52〕 洪邁，《容齋四筆》卷十四，「祖宗親小事」條。

〔註53〕 除了實際的嚴屬處分外，更著於小說中以收嚇阻作用。如《夷堅支丁志》卷二，「張次山妻」條云：「洛陽張濤次山，（中略）宣和甲辰（中略）在城西門外（中略）見（亡）妻。妻泣訴曰：『我坐平生妬忌，使酒任情，在此受罪。群幸少駐，可見也。』至晡後，聞驕哄傳呼，旌旆劍戟，儀衛甚盛，紫衣貴人下馬入正廳，一行從卒，悉變爲獰鬼阿旁形狀。運長叉，搤妻至前斬首，且析其四體爲數十段。已而復生，鞭訊痛楚。」頗發人深省。

〔註54〕 《大戴禮記》卷十三〈本命第八十〉，頁69。

〔註55〕 參見李甲孚，《中國古代的婦女生活》，頁102。

〔註56〕 瞿同祖，《中國法律與中國社會》，頁165。

所謂義絕，即夫妻情意乖離，其義已絕之意。據《宋刑統》卷十四〈戶婚律〉，構成「義絕」的事由包括兩姓之間的相毆殺或亂倫（頁 468），因此「義絕」實具有極重要的家族意義。因婚姻的目的在結二姓之好，若二姓之間有衝突或亂倫之情事發生，便失去婚姻的理想，此時令夫妻離婚，其實也是為了維護他們免得左右為難。在《齊東野語》，「義絕合離條」中，記一案例道：莆田楊氏訟子與婦不孝，訊問的結果得知，婦之生父被人打死，而且楊氏也在兇手之列，但因適逢大赦免罪，其子婦也未因此離婚。最後法司以兩姓相殺，已屬義絕，「若楊婦盡禮於舅姑，則為反親事仇，稍有不至，則舅姑反得以不孝罪之」，因此判令離異，而不孝罪也不予起訴〔註57〕。本案所秉的理念即天倫與人倫之分，所以說「父子天合，夫婦人合」，婦盡禮於舅姑是人倫，而孝於父母是天倫，今親父為翁所殺，是天倫的斬喪，孰重孰輕，燦然分曉，因此在這種情況下，訟媳婦的不孝罪，並不能成立，且應依法離婚。同理，若是女婿殺了妻子的父母昆弟，也在義絕之內。〔註58〕

　　除了以上兩姓相毆殺的當然義絕外，還有不見於法令的暫時義絕。《過庭錄》中記一陝州民之母、妻一起到外地傭僱於人，此民隔月就去探視母親，而不看顧妻子，致其妻有所抱怨，丈夫在憤怒之下失手打死妻子，事達官府，有以故殺十惡論之者，但刑曹認為：「其妻既受人傭，義當暫絕。若以十惡故殺論，民或與其妻姦，將以夫妻論乎？以平人論乎？」於是乃以凡人鬥殺情理輕論罪奏聞〔註59〕。這個判決的焦點在妻子既傭僱於人，在契約制之下，她是僱主家的女婢，而非在夫家盡家族義務的妻子，既未盡義務，則難享妻子的權利，所以應視作暫時義絕，此時若有相犯，應以凡人相鬥論罪。準此益可知義絕的要義首在家族利益，故在義絕案件的處理上，夫妻的立足點與地位是平等的。

3. 和　離

　　和離是夫妻之間因為不相安諧，情不相得，兩相協議而分離，是離婚項目中較具有夫妻個人意志的一種。《宋刑統》在講義絕時，於「議曰」中附帶

〔註57〕宋，周密，《齊東野語》（宋元人說部叢本）卷八，台北：中文出版社，民國
　　　　69年1月，頁9。
〔註58〕宋，沈括，《夢溪筆談》（稗海本）卷十一，記一事道：「壽州有人殺妻之父母
　　　　昆弟數口，州司以不道緣坐妻子。刑曹駁曰：『毆妻之父母即是義絕，況其謀
　　　　殺。不當復坐其妻。』」頁4。
〔註59〕宋，范公偁，《過庭錄》（稗海本），卷二十一至二十二。

說明：

> 室家之禮，亦爲難久，帷薄之內，能無忿爭，相嗔蹔去，不同此罪。

也就是說夫妻間有忿怨可以協議離婚，且和離之後仍可再和，不會受到任何的限制。在南宋，「和離」可由女方提出，但仍須由男方寫離書付與女方才算成立〔註60〕，所以如果只是妻子單方面的想離婚，也是於法無據的。而且，在和離的情況下，男方可以取回聘財，如《清明集·戶婚門·離婚類》載卓五姐嫁林莘仲，因林莘仲離鄉編管，卓父乃與議和離，並立定文約，由卓父歸還林莘仲聘財四十五貫官會，判詞中又云：

> 四十五貫官會，有林莘仲批領，詹用知見，僉號分明，又有卓氏經官自陳一狀可據。林莘仲今復何辭乎？既受其官會，又許其改嫁，使卓氏已嫁他人，今其可取乎？

可見除了離書之外，男方可以取回聘財，並爲了避免日後糾紛起見，可向官府備案，而當一切手續皆合法化後，則任憑男婚女嫁，各不相干。

4. 夫離鄉編管或經久不歸許離

《長編》卷八十二，記一眞宗朝之令曰：

> 眞宗大中祥符七年（1014）正月壬辰詔：「不逞之民，娶妻，始取其財而亡，妻不能自給者，自今即許改適。」

又記其原因說：

> 時京城民既娶，浹旬，持其資產而亡去；而律有夫亡六年改嫁之制。
> 其妻迫於飢寒，詣登聞上訴，乃特降是詔。

可見在北宋時原有「夫亡（失蹤）六年改嫁」之制，若未達此年限，便可視爲擅去而犯法。但因爲當時有歹徒爲貪女方的粧奩而娶妻，等騙了妻財之後，便逕行亡命不歸，政府乃將法令再放寬，只要是夫挾妻財而失蹤的，妻子可依法離婚，任其改嫁，不再受等候夫六年的限制。到了南宋，限制更少，《清明集·戶婚門·離類》載：

> 在法，已成婚而離鄉編管，其妻願離者，聽。夫出外三年不歸，亦聽改嫁。

〔註60〕《清明集·戶婚門·嫁娶》，「妻以夫家貧而仳離」條中載一事：丘教授嫁女於黃桂家，後來嫌黃桂家貧，令黃桂寫離書。劉克莊判云：「黃桂若眞有伉儷之誼，臂可斷而離書不可寫。」可見離書在和離中是男方付與女方的證明文件。

而且這一類的離婚有別於和離，妻子除可逕行要求離婚外，男方也不能要回他的聘財。

5. 妻擅去而離

上述四種狀況的離婚，都是在法律允許範圍之內，另有兩種離婚事由則屬於違背婚律而經官司判決離婚的。先說「妻擅去」：

《宋刑統》卷十四〈戶婚律〉中規定「妻擅去者徒貳年，因而改嫁者，加二等」（頁 469），也就是說妻子在未被休，或非義絕、和離以及非夫經久不歸的情況下而擅自離開丈夫，便以「擅去」之律論罪。若又偷嫁，則夫妻不再復合，須責付官牙，令其改嫁，與原夫即行離異。〔註61〕

6. 夫嫁妻或和娶人妻而離

前輩學者研究中國婚姻史，似有一種錯誤的觀念，以為妻子是屬於丈夫財產的一部分，要買要賣悉聽其便。實則正妻的地位是受到法律充分保護的，將妻子當做貨物般的買賣，為律所不許。《宋刑統》卷十四〈戶婚律〉載：

> 諸和娶人妻及嫁之者，各徒貳年，妾減貳等，各離之，即夫自嫁者亦同，仍兩離之。（頁 466）

故如果是為貪財而嫁妻，或者和娶人妻者，均將人財兩失，在此情況下，妻與兩夫皆離，並別行改嫁。南宋時遵循未改。〔註62〕

關於和娶人妻，戴炎輝先生將之歸為「義絕」事由之一〔註63〕，愚以為在離婚事類中，和娶人妻應獨立來談，不宜與義絕相混，因和娶人妻乃屬於違律為婚，法律所重者在正常的婚姻關係，而義絕則攸關兩姓姻好，所重者在天倫、人倫的兩不失，二者間本質互異，故宜分開討論。

綜合上論，在法律上所訂的離婚項目中，有三項（義絕、妻擅去、和娶及嫁妻）是強制離婚，一項（七出）為以男方意願為主的離婚，一項（和離）是夫妻協議離婚，而夫出外經久不歸這一項是妻子有權行使的當然離婚要件，不可謂不清楚明白，所以有謂「我國古來肯定夫妻之離婚，（中略）僅夫

〔註61〕事見《清明集·戶婚門·婚嫁類》載：阿吳本歸胡千三之家，阿吳之父慶乙擅將阿吳改嫁，官司除坐主婚人外，於阿吳之去留則以為「背夫盜，又豈可再歸胡氏之家？名不正則言不順，本縣責付官牙再行改嫁。」另《慶元條法事類·戶婚門》載：「諸妻擅去而犯姦者，論如改嫁律。」（頁 613）亦可與此互補。

〔註62〕見《清明集·戶婚門·離婚類》，「婚嫁皆違條法」。

〔註63〕見戴炎輝，《中國身分法史》，頁 67。

有離妻權；反之，妻則不得離夫」〔註64〕的說法，是失於考證的。不過我們可再分析的是，表面上，夫妻的離婚權似乎相當，但因七出項目之多，且多為對女子德性、義務的要求，而其他離婚項目並未見對男子作同樣的要求，可見，法律固然把離婚要件訂得詳細明白，但仍是夫權高於妻權，甚至婦女們也不懂得爭取自己的權力，此於下章均會再論及。

（四）改　嫁

離婚後可再嫁已見於前述，今所論者是夫死後的改嫁。在宋代的法律中，對於民婦的改嫁〔註65〕，不曾有嚴格的限制，《宋刑統》卷十四〈戶婚律〉謂：

> 諸夫喪服除而欲守志，非女之祖父母、父母而強嫁之者，徒壹年。
>
> 周親嫁者，減貳等，各離之，女追歸前夫，娶者不坐。（頁462）

律文後〈疏義〉又道：

> 婦人夫喪服除，誓心守志，唯祖父母、父母得奪而嫁之。（頁462）

可見人妻在丈夫死後，只要守喪期滿〔註66〕，便許改嫁。另一方面，只有寡婦的父母、祖父母能主婚，她願否改嫁是有自主權的。上引的法律可以視為對寡婦婚嫁及人身自由的保障，另從祖父母、父母可奪女志令再嫁之規定，亦可見婦女改嫁及娶寡婦在當時並非鮮事。例如范仲淹的母親便曾改嫁長山朱氏〔註67〕。至於婦女在夫死改嫁後，與故夫父母及其他親屬之間的關係，在前文妻與翁姑間的關係中已曾論及，不再贅述。

關於南宋對寡婦改嫁嫁的規定，可以在《清明集・戶婚門・嫁娶類》，「嫂嫁小叔入狀」條所載案例得知其要：有婦人阿區，在第一任丈夫李孝標亡後，

〔註64〕同前書，頁65。

〔註65〕宋婦曾有改嫁之禁，《長編・史部編年三一六》（四庫全書本）卷一五一，記仁宗慶曆四年八月甲寅之詔：「宗室大功以上親之婦，不許改嫁。自餘夫亡而無子者，除服聽還其家。」後來因大宗正汝南郡王允讓上言：「宗婦少喪夫，雖無子不許更嫁，曰：此非人情。」因此在「嘉祐四年十一月庚子」條，才又詔許無子宗婦可以任便改嫁。而於民婦則無任何限制。（〈史部編年三一七〉，卷一九〇）

〔註66〕《宋刑統》卷十三〈戶婚律〉云：「諸居父母及夫喪而嫁娶者，徒參年。」（頁453）即指在居夫喪期間，妻子不得自行改嫁，至於喪期，議謂：「若居父母及夫之喪，謂在貳拾柒月內。」（頁454）可見妻為夫之喪是斬衰。

〔註67〕《范文正公集》（四部叢刊本）〈附錄〉，富弼撰仲淹墓誌銘說：「不幸二歲而孤，吳國太夫人（謝氏）以北歸之初無親戚故舊，貧而無依，再適長山朱氏。」

改適李從龍，俟李從龍亡後，又由從龍叔父主婚，三適梁肅，卻為首任故夫之弟李孝德訟其擅嫁，事經法吏裁定：

> 李從龍既死之後，或嫁或不嫁，惟阿區之所自擇可也，李孝德何與
> 焉？況阿區之適梁肅也，主婚者叔翁李伯侃，送嫁者族叔李孝勣，
> 初非鑽闞隙相窺，踰牆相從者比。李孝德其又何辭以興訟乎？

可見在南宋，夫亡後的改嫁是很自由的，只要一切循著禮法上的婚嫁正常程序進行，任何人都不可加以干涉。

二、財產權

宋人的財產制是以家族共財為原則，因此妻子在夫家，原則上也是沒有財產所有權的。妻子的財產權，只有在以下兩種情形下才能顯露出來：（一）是離婚時；（二）是丈夫死亡以後。試分述之：

（一）離婚後的粧奩所有權

《宋刑統·戶令》載兄弟分家之法說：

> 諸應分田宅者及財物，兄弟均分。妻家所得之財，不在此限。（卷十
> 二，戶婚律，頁 412）

可見妻子的陪嫁財產（粧奩），在宋律中係屬各房私有，而由丈夫為主。《清明集》載：

> 陳圭訴子仲龍與妻蔡氏盜典眾分田業與蔡仁。（中略）在法：妻家所
> 得之財，不在分限。又法：婦人財產並同夫為主。今陳仲龍自典其
> 妻粧奩田，乃是正行交關。（中略）。如陳圭不出贖錢，則業還蔡氏，
> 自依隨嫁田法矣！〔註68〕

因此婦女的粧奩田財數目都會在婚書中開列明白，在婚姻關係繼續維持的情況下，妻財固是由夫為主，但若是夫無故離妻，則妻子便可取走其粧奩田財，夫家之人無權阻撓。在《清平山堂話本》的「快嘴李翠蓮」裡有一段道白是這樣：

> 不曾毆公婆，不曾罵親眷，不曾欺丈夫，不曾打良善，不曾走東家，
> 不曾西鄰串，不曾偷人財，不曾被人騙，不曾說張三，不與李四亂，

〔註68〕《清明集·戶婚門·爭業類》，「妻財置業不係分」條。另在〈立繼類〉也有一案例云：阿張在丈夫及兒子俱亡之後，攜其隨嫁奩田歸娘家養老，卻被夫族的吳辰告其盜收田契田苗，法司以「張氏自隨田，非吳氏之產」論斷，判吳辰敗訴。

不盜不妒與不淫，身無惡疾能書等，親操井臼與庖廚，紡織桑麻拈

針線，今朝隨你寫休書，搬去粧奩莫要怨。〔註69〕

觀以上李翠蓮所道，她既不犯七出，也不犯義絕之條，因此離婚後，她可帶

走其隨嫁粧奩，夫家之人不得有異詞。

（二）夫亡無子的財產所有權

根據北宋的法律，家族分產以兄弟均分為原則，若兄弟俱亡則諸子均分，

因此只要家裡有男丁在，則為妻或為母的並無財產所有權。《宋刑統》卷十二

〈戶婚律〉道：

> 戶令：諸應分田宅者及財物，兄弟均分。（中略）兄弟亡者，子承父
>
> 分。兄弟俱亡，則諸子均分。（中略）寡妻妾無男者，承夫分（注云：
>
> 有男者不別得分，謂在夫家守志者，若改適，其見在部曲、奴婢、
>
> 田宅不得費用，皆應分人均分）。

故婦女的財產所有權，只有在夫亡無子，而且不改嫁的情形下才能保有；一

旦改嫁了，則除了原隨嫁粧奩可自行帶走外〔註70〕，不能再享有任何夫家的

產業。《清明集·戶婚門·檢校類》，「檢校嫛幼財產」一案之判詞謂：

> 方天祿死而無子，妻方十八而孀居，未必能守志，但未去一日，則
>
> 可以一日承夫之分，朝嫁則暮義絕矣。

可見南宋同於北宋，只要亡夫無子而不改嫁，便可擁有丈夫的遺產。不過在

北宋曾有准無子寡婦攜夫產再嫁的特例〔註71〕而在南宋，妻子固然不可攜夫

產再嫁，但如果是招接腳夫〔註72〕，則有別於再嫁，《清明集·戶婚門·戶絕

類》，「夫亡而有養子不得謂之戶絕」載：

> 按戶令，寡婦無子孫，并同居無有分親，召接腳夫者，前夫田宅經

〔註69〕明洪楩輯，《清平山堂話本》（據日本內閣文庫藏及寧波天一閣藏明嘉靖間刊
影印），台北：世界書局，頁124。

〔註70〕戴炎輝在其所著《中國身分法史》中謂：「不論妻之粧奩與其所承之夫分，寡
婦不得帶產改嫁或歸宗。」（頁63）所指係明清的法令，但在宋朝則不盡然。
北宋有因夫亡無子攜夫產再嫁之許可（詳下文），南宋則有攜隨嫁田歸宗之例
（見註44）。

〔註71〕見《宋會要輯稿·刑法五之十六》，「太宗太平興國九年六月八日」條，頁
6677。

〔註72〕接腳夫的性質頗類贅婿，都是男子住到女家，加入女方的勞動生產行列。但
最大的不同是，贅婿屬於正式的婚姻關係，而接腳夫只是寡婦招來協助其主
持家計的同居人而已。

官籍記許，權給，計直不得過五千貫。其婦人願歸後夫家，乃身死者，方依戶絕法。

可見寡婦招接腳夫的目的是在得一男丁以營運其家財〔註73〕，名義上，她並未改嫁，仍為亡夫族人，因此可繼續擁有夫產，唯限以五千貫，直到其改嫁或死亡為止。

綜上所述，宋代法律所具有的家族主義色彩，形成了妻子在家族中的特殊地位。首先她因為婚姻的關係，奠定了不容任意褫奪的家庭地位，也使她必須為夫族盡家族性的義務；但因為姻親有別於血親，基於「義合」的原理，乃有法令上的特殊規定，如夫妻間的義絕；如妻與夫族的相犯往往量情處理；再如妻子的隨嫁財產既不納入夫族產業之內，對亡夫的遺產也只能在守志的前提下享用，而不能永享所有權。總之，妻的地位是因家族主義而來，也是因家族主義而止。

第三節　妾的地位

在宋人的法律中，妻年滿五十無子嗣被出，被列為七出諸項中的第一項，可見宋人對繁衍子孫的重視。而上節也已提到，在宋代的資料裡，並未見有無子被出的事件，故愚以為妻無子可以藉娶妾的方法來解決，以達延嗣的目的〔註74〕。至於宋人為何如此重視子嗣，除了使祖先血食能源源不絕，免得落下不孝之名外，提防家產不遭人兼併也是重要的因素〔註75〕。而這兩者間實是相互為用的。固然後人納妾的目的不見得僅止於此，但其原始目的應是不變的。至於納妾之後仍無法達成此目的，便只有靠女兒的招贅或過繼猶子來解決了。本節只就法律的範圍內來探討妾在家庭中的地位，次論妾與夫族親屬的關係，末論其財產權。

〔註73〕《清明集·戶婚門·義子類》，「背母無狀」條載一事頗可說明接腳夫的性質，其文曰：「詳王氏所供，初事張顯之為妻，顯之既死，只有男張大謙。王氏以夫亡子幼，始招許文進為接腳夫。許萬三者，乃許文進之子，帶至王氏之家者也。許文進用王氏前夫之財營運致富，其許萬三長成，王氏又為娶婦，悉以家計附之。雖前夫親生子已死，不復為之立繼，所以撫育許萬三之恩可謂厚矣。」

〔註74〕學者中持此論者甚多，如陳顧遠，《中國法制史概要》，頁289；戴炎輝，《中國身分法史》，頁73，均有此主張。

〔註75〕《清明集》中的〈爭業類〉及〈立繼類〉中有多則財產的糾紛均緣此而起，如〈立繼類〉的「叔教其嫂不願立嗣意在吞併」條即為此類。

一、妾的法定地位

《禮記》卷二十八〈內則篇〉謂：「聘則爲妻，奔則爲妾。」很清楚的道出妻妾之分，一是依禮而娶，一是人身買賣，所以《宋刑統》卷十三〈戶婚律〉中有以下條文：

> 議曰：妻者齊也，秦晉爲匹；妾通買賣，等數相懸。（頁 451）

妾既屬於人身買賣，則其無任何身分地位的保障可知〔註 76〕。而且因爲妾與妻之間身分地位的懸殊，依法，妾實無任何晉身之階，同書又載：

> 以妾及客女爲妻（中略）徒一年半，各還正之。（頁 451）

因此如果以妾爲妻，會受到法律制裁的。由此可見妾在法律上卑微的地位。

二、妾與夫族親屬間的關係

妾的低下地位尚可自她與夫族親屬間的關係見其一斑。

先言夫妻妾間的關係：從喪服方面來看，夫死，妾要服斬衰三年。妻死，妾也要服喪一年。但妾死，夫及妻則不服喪〔註 77〕，除非妾生有子，夫方爲其服總麻。〔註 78〕

再從刑事訴訟來看，在毆詈罪方面，妾毆夫比妻毆夫要加重一等治罪，且妾毆詈妻的處罰與妾犯夫相同。但反過來如果是夫或妻毆打接，皆減凡鬥四等論罪。過失殺妾可不論罪〔註 79〕。以上均屬告訴乃論。在誣告罪方面，妻若誣告妾，與夫誣告妻一樣，減所誣罪貳等，而夫誣告妾則不論罪。〔註 80〕

從以上的討論可歸納出，法律於夫妻妾間的關係所採取的是等級制的，夫爲妾君，則妾稱妻爲女君，妾在夫和妻之下爲卑屬，對兩人均應敬謹侍奉。在筆記小說中有許多妾遭主母虐待的記事，下章將有論述。

次言妾與夫族的關係：妻和夫的親屬間有一定的服制關係，若與夫族親屬相犯均準服制來辦理。而妾與夫族親屬間雖無服制關係，若是毆詈夫的周

〔註 76〕瞿同祖以爲妻妾之分，除了妾通買賣之外，又在於一個先娶，一個後娶（請見氏著《中國法律與中國社會》，頁 171）。愚以爲娶和買賣是不同的兩回事，在宋人的習慣上可以先買妾而後娶妻，因爲買妾是一種交易的行爲，而娶妻是以禮爲根據，瞿氏所論恐與中國之禮教觀念有異。

〔註 77〕《慶元條法事類》卷七十七〈服制門，服制格〉規定：「斬衰參年，義服，妾爲君（妾謂夫爲君）。」又「齊衰不杖期，義服，妾爲嫡妻。」頁 547～548。

〔註 78〕同上書同卷：「總麻參月，義服，爲庶母（父之妾有子者）。」頁 553。

〔註 79〕《宋刑統》卷二十二〈鬥訟律〉，頁 733 及頁 731。

〔註 80〕同上書，卷二十四〈鬥訟律〉，頁 781 及 779。

親以下，緦麻以上尊長，卻要加重治罪，不能視同凡人相犯。只有在毆傷丈夫的卑屬時，才以凡鬥論，但毆夫之弟妹仍畏加妻犯一等治罪〔註81〕。在告訴罪方面，妾若被夫的祖父母、父母及外祖父母誣告，同夫誣告妾一般，是不論罪的。〔註82〕

三、妾的財產權

妾的財產權在《宋刑統》卷十七〈賊盜律〉中言之甚明：

> 疏議曰：其媵及妾，在令不合分財，並非奴婢之主。（頁580）

也就是說，妾不但不能在夫死之後，如妻般做夫的代理人，即在家庭中也不能統馭比她的地位還低的奴婢。

妾的地位的提昇，唯一的一條路是生了兒子，也就是母以子貴。

總之，自法律將妾摒於夫族之外來看，其無法享有在夫族的權利固屬合理，但法律卻又要妾為夫族付出更高代價的單向義務，此為妾在家族地位上的不公平和不合理處。

第四節　母親的地位

《大戴禮記》載：「婦人，伏于人也，是故無專制之義，有三從之道，在家從父，適人從夫，夫死從子，無所敢自遂也。」（卷十三，本命篇）若依此論，女子一生實無任何權威地位可言。但事實上，因為中國傳統社會的重心是在家族，家族要維繫首重孝道，所以一個女人當了母親之後自然而然地便享有尊崇的地位，法律也以父與母並列，同享子孫的孝養。母親固不得為家長，但基於孝道的原則，子孫也應徵求母親的意見，以免專斷獨行。〔註83〕

宋朝政府對孝道的提倡是不遺餘力的，養親之外，也重尊親，各朝不斷地有各種輔助或獎懲的條例出現，如《宋刑統》卷二〈名例律〉言：

> 諸犯死罪非拾惡，而祖父母、父母老疾應侍，家無周親成丁者，上請。犯流者，權留養親。（頁95）

另仁宗慶曆五年（西元1045）也重申以上法意〔註84〕。在南宋，除犯十惡死

〔註81〕同上書，卷二十二及二十三〈鬥訟律〉，頁753。

〔註82〕同上書，卷二十四〈鬥訟律〉，頁779。

〔註83〕參劉維開，〈傳統社會下我國婦女的地位〉，《社會建設》第三十六期，民國68年6月，頁86。島田正郎，《東洋法史——中國法史篇》，頁103。

〔註84〕《宋史》卷一五二〈刑法志一〉，頁4977。

罪外，父母年老無期親成丁亦可上請〔註85〕，其他應遠流之人，可因祖父母、父母老疾而只移鄰州〔註86〕；並且移鄉途中，若聞祖父母、父母之喪，可申請住程假返家奔喪〔註87〕。又《宋史》卷二○○〈刑法志二〉云：

> 熙寧二年，內殿崇班鄭從易母、兄俱亡於嶺外，歲餘方知，請行服。
> 神宗曰：「父母在遠，當朝夕為念，經時無安否之問，以至踰年不知存亡耶？」特除名勒停。（頁4989）

以上諸例所重者均在養親一事，而孝道除了養親之外，還要尊親，它包括敬謹侍奉父母及讓父母分享自己的榮耀，因此政府向有封贈父母的禮制。到了真宗的時候，即使本人已出繼至叔伯之家為子嗣，也可敘封其本生父母〔註88〕，可見宋政府對孝道的重視。在這種風氣影響下的母親地位，絕不是「夫死從子」四字就可以解釋得清楚的，現特就母子關係及母親的財產權兩方面來探討。

一、母子關係

（一）諸母的地位

母子關係，因為父親有妻妾，又有被出及改嫁的母親，因此種類比較多〔註89〕，但法律上只承認其中的四種與親生母同，《宋刑統》卷六〈名例律〉謂：

> 其嫡、繼、慈母，若養者，與親同。（頁210）

〔註85〕 《慶元條法事類》卷七十五〈刑獄門‧名例〉曰：「諸犯死罪非十惡，及持杖、強盜、謀殺、故殺人、已殺，而祖父母、父母老疾應侍，家無期親成丁者，奏裁。」頁527。

〔註86〕 同上，〈移鄉‧名例〉：「諸祖父母，父母老疾應侍，家無期親成丁，應移鄉者，移鄰州。」頁518。

〔註87〕 同上，〈移鄉‧假寧令〉：「諸移鄉人在道，聞祖父母，父母喪（中略）由所在官司量事給住程假。」頁518。

〔註88〕 宋，王木永，《燕翼詒謀錄》卷二，「許封本生父母」條云：「皇朝以孝治天下，篤厚人倫，子之出繼他姓者，得封贈其本生父母。此前所未聞也。（中略）至真宗天禧元年八月辛未詔，文武陞朝官，父不在，無嫡母，繼母者，許敘封本生父母。」

〔註89〕 戴炎輝氏在《中國身分法史》中，對此做了極細的分類：「(1)親母、親子，(2)所生母、所生子，(3)本生母、出嗣子或過繼子，(4)所後母、所後子，或嗣母、嗣子，(5)嫁母、嫁母之子，(6)出母、出母之子，(7)繼母、夫前妻子，(8)嫡母、庶子，(9)庶母、嫡子或庶子，(10)慈母、孳子，(11)乳母、乳子，(12)養母、養子，(13)義母、義子。」頁85。

嫡母乃與庶子對稱；繼母是指嫡母或死亡或被出，父親續弦者；慈母是家長命妾之無子者與妾子之無母者撫以如己出；養母是因為無子而養同宗之子之謂〔註90〕。所謂與親母同，就是說兒子要以親母之禮待之。例如在服制上皆應為齊衰三年，所以邵雍說：「子之於母，嫡庶雖殊，情無厚薄，固當同服。」〔註91〕另方庭堅也引《隋書·劉子翊傳》之論，贊成何自然應解官為本生繼母服三年心喪〔註92〕，可見在宋律，嫡繼慈養諸母相對於兒子而言，地位皆等同於親母。所以在宋史刑法志中有一繼母劉氏誣前至子王元吉不孝的案例，後雖證實係冤獄，然始初確以謀殺不孝論罪〔註93〕，可見雖非親生母，但在禮律上是不能有所悖慢的。

　　次言子與親母的關係。在正常的情況下，如母親未被出或改嫁，自不生任何問題，但若是親母被出及改嫁，其於法律上的地位便有差異。從服制上來看，在正常情況下，子為母服齊衰三年，為官者要解官回里守制。但若為出母及嫁母服則只齊衰杖期，唯仍解官申心喪〔註94〕。這種規劃所要表達的意識，是兒子對母親生育之恩的報答，因此，即使是降服，其重要的意義仍在於三年的心喪，因為法律規定：

　　　居心喪者，釋服從吉及忘哀作樂，冒哀求仕者，並同父母正服。（《宋

〔註90〕詳見《宋刑統》卷六〈名例律〉「議曰」，頁211。

〔註91〕宋，邵雍，《邵氏聞見後錄》（宋元人說部叢書本）卷六，頁4。

〔註92〕詳見周密，《齊東野語》卷十四，「繼母服」載：「何自然本何俟德顯之子，其母姚氏死，即出繼何修德揚，後俟再娶周氏，及自然為中司日，周氏死，自然以不逮事申審，合解官申心喪。下禮官議。（中略）書庫官方庭堅於隋書劉子翊傳：『（中略）傳云：繼母如母，與母同也。又曰：為人後者，為其父母期。按期者，自以本生，非殊親之與繼也。又曰：親繼既等，心喪不殊。（中略）禮官具白於廟堂，議乃定。』頁11。

〔註93〕《宋史》卷二〇〇〈刑法志一〉載：「雍熙元年，開封寡婦劉使婢詣府，訴其夫前室子王元吉毒己將死。（中略）元吉自誣服。（中略）及府中慮囚，（中略）以其毒無顯狀，令免死，決徒。元吉妻張擊登聞鼓稱冤，帝召問張，盡得其狀。」頁4986。

〔註94〕《宋史》卷一二五〈禮志二八〉載：「侍講學士馮元（中略）請凡子為父後，無人可奉祭祀者，依通禮義纂，劉智釋議，服齊衰，卒哭乃除，踰月乃祭，仍申心喪，（中略）。如諸子非為父後者，為出母、嫁母，依五服年月敕，降服齊衰杖期，亦解官申心喪。（中略）詔：『自今並聽解官，以申心喪。』」頁2928～2929。同卷又云：「心喪者，為妾子及出妻之子合降其服，二十五月內為心喪。」頁2927。又《慶元條法事類》卷七七〈服制門·服制令〉亦載：「母出及嫁為父後者，雖服亦申心喪。」頁546。另〈服制格〉又定：「齊衰杖期，降服，父卒母嫁及出妻之子為母。」頁547。

史》卷一二五〈禮志二十八〉，頁 2927。）

故宋人所重者在子母之間的生養名分，雖然有服制上的輕重，但仍以子對母應盡的孝道為立法的最高原則，所以《燕翼詒謀錄》所載，張永德並侍出母及繼母，而卻別其名分，便為時人所稱道。〔註95〕

（二）不孝的懲處

在父系結構之下，母權乃因父權而存在〔註96〕，但因有孝道的支持，為人子者對母親須如對父親般的恭謹不違，當官的如有不孝之情狀，從此與宦途無緣，如江萬里被謗秘不奔母喪，「無以自解，坐是閒廢者十有二年」〔註97〕。王榮不迎養老母，且供給甚薄，太宗罷之〔註98〕。《宋刑統》卷一〈名例律〉中載有不孝之行為如下：

> 謂告言詛詈祖父母、父母；及祖父母、父母在，別籍異財；若供養有闕，居父母喪，身自嫁娶，若作樂，釋服從吉；聞祖父母、父母喪，匿不舉哀；詐稱祖父母、父母死。

但以上所列的，仍只是大要，不孝的項目並不止這些，茲表列以明之：

行　　　為	處　罰	資　料　來　源
毆	斬	《宋刑統》卷二十二〈鬥訟律〉，頁 740。
詈	絞	《宋刑統》卷二十二〈鬥訟律〉，頁 740。
毆傷	徒三年	《宋刑統》卷二十二〈鬥訟律〉，頁 740。
過失殺	流三千里	《宋刑統》卷二十二〈鬥訟律〉，頁 740。
故燒所居室	斬（從毆法）	《慶元條法事類》卷八十〈雜門·雜勅〉，頁 608。
被殺私和	流二千里	《宋刑統》卷十七〈賊盜律〉，頁 587。
告	絞	《宋刑統》卷二十二〈鬥訟律〉，頁 772。

〔註95〕 王木永，《燕翼詒謀錄》卷二，「為出服」條載：「張永德父潁，先娶馬氏，生永德，為潁所出。永德知鄧州，于州廨作二堂，左繼母劉氏居久，右馬氏居之，不敢以出母加於繼母，永德事二母如一人，无間言。時大臣母妻皆得入謁，劉氏存日，馬不敢同入禁中，劉氏卒，馬始得入謁。太宗勞問嘉嘆，封莒國太夫人。此可為人子事出母之法。」頁 335。

〔註96〕 瞿同祖氏論：「嚴格說來，只能說是父權而不能說是母權。這有兩點意義：第一，母權是得之於父的，是因父之妻的身分而得的。（中略）第二，母權不是最高的，也不是絕對的。（中略）當母權與父權衝突時，則夫權越於妻權，夫權越於母權。」頁 17。

〔註97〕 《宋史》卷四一八〈江萬里傳〉。

〔註98〕 《宋史》卷二八〇〈王榮傳〉。

聞喪不舉哀	流二千里	《宋刑統》卷十〈職制律〉，頁339。
喪中忘哀舉樂	徒三年	《宋刑統》卷十〈職制律〉，頁339。
喪中雜戲	徒一年	《宋刑統》卷十〈職制律〉，頁339。
喪中遇樂而聽	杖一百	《宋刑統》卷十〈職制律〉，頁339。
居喪嫁娶	徒三年	《宋刑統》卷十三〈戶婚律〉，頁453。
死罪被囚而嫁娶、作樂	徒一年半 有官免官	同上卷，頁454。及卷十，頁343。《宋刑統》卷二〈名例律〉，頁69。
居喪生子	有官免官 徒一年	《宋刑統》卷二〈名例律〉，頁72。《宋刑統》卷十二〈戶婚律〉，頁401。
居喪別籍異財	徒一年	《宋刑統》卷十二〈戶婚律〉，頁401。
祖父母、父母死，不解官	徒二年半	《宋刑統》卷二十五〈詐偽律〉，頁851。
詐稱祖父母、父母死	徒三年	《宋刑統》卷二十五〈詐偽律〉，頁851。
別籍異財	徒三年	《宋刑統》卷十二〈戶婚律〉，頁401。
養父母無子而捨去	徒二年	《宋刑統》卷十二〈戶婚律〉，頁403。
老疾無侍而居官	徒一年 免官	《宋刑統》卷十〈職制律〉，頁342。《宋刑統》卷二〈各例律〉，頁72。
供養有闕	徒二年 （告乃坐）	《宋刑統》卷二十四〈鬥訟律〉，頁781。
違犯教令	徒二年	《宋刑統》卷二十四〈鬥訟律〉，頁781。
遇恩應封贈而遺其母	徒二年	《慶元條法事類》卷十二〈戶婚門〉，頁175。

　　以上諸項中以「違犯教令」具有最大的彈性，只要是不遵從父母之命，均可視為違犯教令而加以懲處，而且若因而毆殺子孫者，只徒一年半，過失殺則可不論。〔註99〕

　　附帶一提者，子和庶母的相犯。《宋刑統》卷二〈鬥訟律〉曰：

　　　妾毆夫之妾子，減凡人貳等；毆妻子以凡人論。若妻之子毆傷父妾，
　　　加凡人壹等論罪，妾子毆傷父妾又加壹等。（頁745～746）

妾在夫族裡並無地位可言已見於前節，但如果妻之子毆父妾，仍要較凡人相毆加重二等治罪，其因是基於敬親的原則，毆父妾即等於對父親的間接傷害，在這方面，孝的對象是父親，而非庶母；因此，若妾毆妻之子，便不能視為尊卑相犯，而只能以凡人論罪。其次，妾和妾子之間，因地位相等，所以便

〔註99〕《宋刑統》卷二二〈鬥訟律〉曰：「若子孫違犯教令而祖父母、父母毆殺者，徒壹年半，以刃殺者，徒貳年；故殺者各加壹等。（中略）過失殺者各勿論。」頁740。

可援尊卑相犯之律論罪。

總之，諸母中僅嫡繼慈養視同親母，庶母是不算在內的。而母親的地位則在政府對孝道的力倡下大爲提昇。

二、母親的財產權

母親的財產權是宋代的家產法中很特別的一項，在所有相關規定中，前述父母在或居父母喪，不能別立戶籍及分異財產。父母在而別籍異財爲，其有虧侍養之道、大傷慈親之心；而居喪期的別籍異財，則表示其有忘親之心〔註100〕，同是有損孝道，故一概禁止。因此南宋劉克莊引申此法意說：

> 準法，父母在不許別籍異財者，正欲均其貧富，養其孝弟而已。（《清明集‧戶婚門‧分析類》）

此外，法律對只有寡母在堂的財產處理方式亦別有規範，《清明集‧戶婚門‧立繼類》載：

> 在法，諸戶絕人有所生母同居者，財產並聽爲主。

因此在《清明集》裡有多則案例敘述到這種情形，如同前書〈立繼類〉，「爭立者不可立」載：

> 照得張介然有三子，介然身故，其妻劉氏尚存，其長子張迎娶陳氏，早喪而無子。蓋劉氏康強，兄弟聚居，產業未析，家事悉聽從其母劉氏之命，所以子雖亡，寡婦安之。〔註101〕

故而在田宅的買賣上亦需有母親的同意，以示非卑幼盜賣，所以同書同門，違法交易類載：

> 交易田宅自有正條，母在則合令其母爲契首，兄弟未分析，則合令兄弟同共成契。未有母在堂，兄弟五人俱存，而一人自可典田者。
> 〔註102〕

又爭田業類也引一例曰：

> 李震卿同母倪氏，三月內以八石六斗種田賣盧興嗣，斷下價錢五百五十貫。（中略）盧興嗣令震卿寫契，明言別無卑幼。（「出業後以價高而反悔」條）

〔註100〕參見瞿同祖氏，《中國法律與中國社會》，頁15。
〔註101〕此外在〈孤寡類〉「宗族欺孤占產」及〈立繼類〉「雙立母命之子與同宗之子」也有此類的例子。
〔註102〕此外在〈違法交易類〉中也有提到母子俱同意立契的買賣方爲正當交易。

可見田宅的交易必須由母親出面，而且要兄弟一起立契，前者示以非卑幼私
用財，後者亦示非父母在而別籍異財，均可見母親在處理家產上的地位。但
這種地位是有條件限制的，其〈爭業類〉載：

> 葉氏此田以為養老之資則可，私自典賣固不可，隨嫁亦不可，遺囑
> 與女亦不可。何者？在法，寡婦無子，孫年十六以下，並不許典賣
> 田宅。〔註103〕

可見寡母欲賣田業，必須等子孫年長，有行為能力之後，才能和子孫同共立
契典賣物業，若子孫尚幼，則不能隨意典賣。此為限制之一。〈違法貿易類〉
中又有一例是：

> 今（徐氏）既不能守志，而自出嫁與陳嘉謀，則是不為陳師言之妻
> 矣。不為陳師言之妻，則是不為紹祖兄弟之母矣。（中略）安得據人
> 之屋，賣人之業？其徐氏自賣所分一分之業，委是違法。

則是指母親再嫁之後便沒有處置及擁有夫家財產的權利〔註104〕，此為限制之
二。

　　總之，在法律上，若只有母親在堂，基於孝道的原則，對家產的處置須
由母親作主，但母親只有財產管理權而無所有權，她既不能任意典賣田宅，
也不能攜夫財再嫁。實則以上的諸般現象都是脫離不了家族主義色彩的。

〔註103〕另卷六〈戶婚門・贖屋類〉，「已賣而不離業」條，亦為類似案例。
〔註104〕在《清明集・戶婚門・爭業類》「羅栱乞將妻前夫田產沒官」及《宋史》卷二
　　　　○一〈刑法志三〉所載「安崇緒控繼母」案（頁5005）亦為此類。

第三章　從社會實態上看民婦之家族角色與地位

一社會有其規制，也有規制之外的現況，單從法律條文或現況入手，只能探得社會全貌的一部份〔註1〕，因此本章擬再從社會實態討論無官品的婦女在家族裡的角色與地位。

所謂社會實態係指當時人實際的生活情形，此有別於律令所載的大原則，而為一種生潑生動的人與人之間的交流。然因時隔遠者千載，近亦七百餘年，史料有限，只能儘量就當時人的記述，綜合歸納出可能較接近當時人之生活狀況的情景。

為了便於與前章作參證，本章仍以身分別為四節來作討論。

第一節　女兒的角色與地位

一、出生時的待遇

新生命的誕生是每個家庭的大事，但在宋代，重男輕女的觀念卻相當濃厚，我們可從以下兩種不同的答謝詞看出個中區別：

（答）某禍得女子，正以添累為憂，何足言賀。

（答）某茲者添丁，徒焉增累，乃勞稱賀，愧感良多。（《新編事文類要啟箚青錢前集》卷十〈慶賀致語類〉，頁138）

〔註1〕向淑雲，〈唐律與社會婚姻實態的研究〉，《史原》第十五期，民國75年4月，頁217。

觀以上兩段問答，一樣是以家中多添人口爲憂，但對別人的慶賀，一只是覺「愧感良多」，生女則根本不足言賀，可見其失望之情。但在稍可贍足的人家，只要女兒別太多，對女兒的出世也並非完全漠視，如建陽人就有連生二女都宴客的例子，但同一戶人家如果生第三個女兒就「慚不招客」了〔註2〕。

關於兒女的數目，杭州人的理想狀況是「五男二女」〔註3〕。至於貧苦人家，女兒是絕對不受歡迎的了，《夷堅支甲志》卷六，「高周二婦」條載：

> （高氏女），既嫁，因產女，患其已多，貧無以贍給，即漬諸水盆內。
> （頁758）

又《厚德錄》載：

> 閩人生子多者，至第四子則率皆不舉，爲其貲產不足以贍也。若女則不待三，往往臨蓐以器貯水，才產即溺之，謂之洗兒，建劍尤甚。〔註4〕

可見對貧苦人家而言，多子已不見得是福，再多女，便是件慘事了。但如果在謀生較易的大都會裡，對中下戶而言，生女反而是件美事，《暘谷漫錄》載：

> 京都中下之戶，不重生男，每生女則愛護如捧璧擎珠，甫長成，則隨其姿質教以藝業，用備士大夫採拾娛待。〔註5〕

故所謂的美事是以女兒當搖錢樹，則此女性的一生較諸溺於水中者，並無多大差別。

總體而言，女兒是增加家累的人，即使有眞歡喜，也只是把她們當待價而沽的奇貨。

二、教育狀況

《禮記‧昏義》曰：「古者婦人先嫁三月，（中略）教以婦德、婦言、婦

〔註2〕宋，龐元英，《談藪》（叢書集成新編本八六）。

〔註3〕吳自牧，《夢梁錄》卷二十，「育子」條載：「杭城人家育子，如孕婦入月，期將屆，外舅姑家以銀盆或綵盆，盛粟稈一束，上以錦或紙蓋之，上簇花朵、通草、貼套，五男二女意思。」頁307。

〔註4〕宋，李元綱，《厚德錄》（百川學海本）卷四，頁10。另宋，王德臣，《塵史》（宋元人說部叢書上冊）卷上，「惠政」條及孫升，《孫公談圃》（續百川學海本）卷下，《夷堅支庚志》卷十，「江四女」條，也都有類似記載。

〔註5〕宋，洪巽，《暘谷漫錄》（說郛卷七三），頁4289。另宋，陳郁，《藏一話腴》（叢書集成新編本八七）也有類似記載。

容、婦功。」（卷六一，頁 1002 上）可見德、言、容、功四項是傳統對婦女的要求，如宋人在賀人女兒成年時的問答曰：

> （賀人女笄）茲承令愛已成笄禮，容德兼全，深爲贊喜。
>
> （答）小女年已及笄，首飾粗加，功容未備，何足有勞齒記。（《啓
> 箚青錢前集》卷十〈通敍門・慶賀致語類〉，頁 139）

可見女子教育之重點所在。《司馬氏書儀》卷四〈居家雜儀〉曰：

> 六歲，教之數與方名；男大始學習書字，女子始學習女工之小者。
> 七歲男女不同席，不共食，始誦孝經論語，雖女子亦宜誦之。（中略）
> 八歲，（中略）男子誦尚書，女子不出中門。九歲，男子讀春秋及諸
> 史，始爲之講解，使曉義理；女子亦爲之講解論語孝經，及列女傳，
> 女戒之類，略曉大意。（頁 8）

上述之教育內容，乃併德教、言教爲一，再及女紅。又《朱子語類》卷七〈小學篇〉載：

> 問：「女子亦當有教，自孝經之外如論語，只取其面前明白者教之，
> 何如？」曰：「亦可如曹大家女誡、溫公家範亦好。」（頁 5）

則主張以德性科目爲主。但有些學堂並不拘泥於上述見解，如《清平山堂話本》，〈花燈轎蓮女成佛記〉載：

> 取名蓮女。又早七之年，這女子件件聰明，見經識經，見書識書，
> 鄰近又有一個學堂，教此女子入學讀書，不過一年，經史皆通。

想必是在當時的私塾教育下，教授科目由塾師自擬，並未統一之故。

至於學習的方式，除了前引蓮女的入學堂讀書外，又有《夷堅三志壬》卷十，「解七五姐」條所載：

> 房州人解三師，所居與寧秀才書館爲鄰。一女七五姐，自小好書，
> 每日竊聽諸生所讀，皆能暗誦。（頁 1544）

則爲一種自習的方式。

除了讀書之外，學習紡紗織布也是重要的工作，如《嘉泰會稽志》卷十七之議論：

> 知稼穡之艱難則可以爲王矣，知女功之勤勞則可以爲王后矣。（中略）
> 王后親蠶以勸女功之正事，親葛以勸女功之餘事。〔註6〕

因此也有「父母只令習針縷之工」，不令讀書的。（《夷堅支丁志》卷二，「小

〔註 6〕宋，施宿，《嘉泰會稽志》（宋元地方志叢書本）卷十七，頁 14。

陳留旅舍女」條）可見女子教育在宋人的心目中也是見仁見智，大致說來，女性因自始就被排斥在政治行列之外，家長對其書史方面的學習大多抱著可有可無的態度，也難以刻意的栽培。至於女紅，則以之為婦女天職，是每個女性均應學習的項目，在家庭教育上便較為重視。

三、婚姻狀況

關於女兒的婚姻狀況，可自兩方面來觀察，其一自婚姻要件來看其自主權的問題，其二自婚約的訂立比較男女雙方的責任與權利。

首自婚姻要件言。《夷堅支癸》卷五，「連少連書生」條有最完整的描寫：

> 饒州安仁書生連少連，其父仲舉下世，獨與母居。（中略）見紫衣老嫗，（中略）出語通殷勤，問為誰？曰：「媒人也。東里蕭家有小娘子，姿色紅艷，如神仙中人。慕秀才容儀，請於父母，願為夫婦，使我來達意。其家快性，纔說便要成，幸勿遲緩。」生曰：「無乃太急乎？我談笑得一好妻，豈不大願？然要俟歸白母，雖正貧悴，須略備納采問名之禮，始為允當。」（頁1255）

如前所述，「媒人、父母之命及六禮」實為三大婚姻要件，就中尤以父母之命最為重要，禮所謂「不告而娶是謂偷」，乃不孝之大罪。此又可自宋人的議婚習慣和擇偶對象得到證明。袁采於《世範·睦親篇》中，苦勸世人不要在孩子過於年幼時，便議定婚約〔註7〕，可見這類事情在當時是數見不鮮的，《摭青雜說》載：

> 京師孝感坊有邢知縣、單推官並門居，邢之妻即單之娣也。單有子名符郎，邢有女名春娘，年齒相上下，在襁褓中已議婚。〔註8〕

又《清平山堂話本》〈合同文字記〉載汴梁城近郊村民劉添瑞夫婦將逃荒他州，行前，同鄉李社長將小女許與劉天瑞為媳，劉乃先行下定禮而往（頁66）。可見宋人頗習慣在兒女年紀尚幼時便代為議親，其無兒女之個人意志可知。再自擇偶對象觀察，如《清平山堂話本》〈花燈轎蓮女成佛記〉載李押錄子小官人因單戀蓮女成疾，其母得知之後乃同李押錄商量：

〔註7〕 宋，袁采，《世範》卷上〈睦親篇〉曰：「人之男女，不可於幼小之時便議婚姻，大抵女欲得託，男欲得偶，若論目前，悔必在後。蓋富貴盛衰更迭不常，男女之賢否，須年長乃得可見。」頁24。

〔註8〕 宋，佚名，《摭青雜說》（叢書集成新編本八六），頁718。

李押錄道：「媽媽如何是好？他是做花的手藝人，我是押錄，不是門當戶對。」媽媽道：「要孩兒好，只得將高就低。」（中略）便請兩個官媒來商議道：「你兩個與我去做花的張待詔家議親。」二人道：「領鈞旨。」便去走到隔壁張待詔家與他相見了，便道：「我兩個是喜蟲兒，特來討茶吃，賀喜事。」張待詔（中略）便問：「誰家小官人？」二人道：「隔壁李押錄小官人。」張待詔道：「只是家寒，小女難以攀陪。」（頁156～157）

再如《撣青雜說》記泰州鹽商項四郎救一溺水官家女，欲留為兒媳，回家後以此意告其妻，其妻說：

吾等商賈人家，止可娶農賣之家，彼驕貴家女，豈能攻苦食淡，緝麻織布為村俗人事邪？〔註9〕

從以上父母為兒女擇偶的態度來看，他們考慮的重點主在「門當戶對」，並不在意兒女們的感情問題。這種門當戶對的講求有多種方式，有以職業相結合者，如《老學庵筆記》載：

亳州出輕紗，舉之若無，裁以為衣，真若煙霧。一州惟兩家能織，相與世世為婚姻，懼他人家得其法也。〔註10〕

還有更多的是婚求高門的現象，通常是女家慕男方的功名，而男方則愛女方的資財，《三山志》載：

觀今之俗，娶妻不顧門戶，直求資財。〔註11〕

可見風俗之一斑。《墨客揮犀》載了一則榜下擇婿的笑話嘲諷這種社會現象，文載：

今人於榜下擇婿曰臠婚，（中略）其間或有不願就，而為貴勢豪族擁逼而不得辭者。嘗有一新先輩，少年有風姿，乃為貴族之有勢力者所慕，命十數僕擁至其第，少年欣然而行，略不辭避。既至，觀者如堵。須臾有衣金紫者出曰：「某惟一女，亦不至醜陋，願配君子可乎？」少年鞠躬謝曰：「寒微得託跡高門固幸，待更歸家，試與妻子商量看如何？」眾皆大笑而散。〔註12〕

〔註9〕同註8，頁416。
〔註10〕宋，陸游，《老學庵筆記》卷六，頁7。
〔註11〕宋，梁克家，《三山志》（宋元地方志叢書本）卷三九〈土俗類一・土貢〉，頁8074。
〔註12〕宋，彭乘，《墨客揮犀》（叢書集成新編本八六）卷一，頁5。

雖然是一個笑話，但卻明白的反映當時人擇偶男求資財，女尚功名的社會現象〔註13〕。此外還有以長輩個人的好惡爲女擇婿的現象，如《軒渠錄》載：

> 米元章喜潔，金陵人段拂，字去塵，登第。元章見其小錄，喜曰：「觀此名字必潔人也。」亟遣議親以女妻之。〔註14〕

自以上諸例觀之，不管是年幼議婚習慣，或是門當戶對的擇偶觀念，一切都在家長的安排之下，兒女的好惡及感情世界都未列入考慮之內。即使有一二父母尊重女兒意見之例，也多不是絕對的〔註15〕。自下面荒謬的故事可看到男女社交的不自由，《閑窓括異志》載：

> 零陵太守有女悅文書吏，無計得偶，使婢取書吏所飲餘水飲之，因有娠，生一男，數歲，太守莫知其所從來。一日使男求其父，兒直入書吏幃中，化爲水，父大驚，問其女，始言其故，遂以女妻之。

〔註16〕

這段記載雖然很像神話故事，卻正可反映女子不能自吐心聲，宋人對男女交往的保守封閉態度。在這種觀念下，任何非禮的行爲都很容易遭到批判，此自以下記載可證：

> 貧家之女無以爲鏡，每以瓦瓶之止水而鏡之，既鏡之，而竊窺鄰之富女，退而泣曰：「妾不迨富女乎？而常鏡於此也。」尋而富女以其家僕奔，親族醜之，而貧女爲鄰，納幣焉以歸。夫鏡者整其貌也，非能整其心。苟能整其心，雖鏡于水何損焉。若不整其心，金玉爲鏡適足誨其淫佚耳。〔註17〕

這種諷諭性的故事，表明了宋人對「非有行媒，不交不親」之男女正常關係的重視，除此之外的行爲便被視同淫佚而永遠被輕視，《夷堅志補》卷九「童

〔註13〕 這類的記載頗多，如《夷堅支甲》卷七，「黃左之」條載：「黃左之，福州人，爲太學生，預淳熙七年薦書。是歲冬，池陽世人王生亦赴省試，其家甚富，（中略）與黃游處頗久，相得益歡，遂約曰：『君若登科，當以息女奉箕帚。』明年，果中選，遂爲王婿。」頁767。又如宋，凌萬頃，《玉峰志》（宋元地方志叢書本）卷中載：「（王）葆於人物鑒裁尤精，丞相周公必大初中第，葆即妻以女。樂庵侍御李公衡布衣流落時，亦妻以女弟。」頁25。

〔註14〕 宋，呂居仁，《軒渠錄》（說郛，卷七），頁549。

〔註15〕 如宋郭彖，《睽車志》（稗海本）卷五，載李通判之女悅一雖有才情，但年逾四十，容貌醜陋之人，欲爲其繼室，父母以年齡、相貌不合而議他親，終因女兒不悅而許其初衷，頁1～3。

〔註16〕 宋，魯應龍，《閑窓括異志》（稗海本），頁26。

〔註17〕 宋，佚名，《觀時集》（說郛，卷六十五），頁3949。

靳州」條載：

> 童蒙，字敏求，南城人。未第時，居城北郭外曰塔步，貧甚，聚小
> 兒學以自給。童壯年偉貌，鄰室處女素慕之，久不能自抑。一夕排
> 闥來奔，逕前抱持之，語曰：「我某家女，慕君久，常恨不得近，今
> 夕父母俱出，故潛來就君，必勿棄我。」即引手強挽，使就寢。童
> 力拒之曰：「汝尚未適人，若我如此，則壞汝處子之身，誰肯娶汝！
> 若終為夫婦，則貧窶無以相活，脫或彰敗，彼此獲罪，深不可使也。」
> （頁 1628～1629）

又《癸辛雜識・前集》載一女未嫁即「與人有姦而孕，其父醜之，遂宛轉售
之傍邑，乃設為仙事以掩之。」〔註 18〕皆可見時人對男女在婚前的私通是絕
對禁止的，更別說有所謂的婚姻自主權了。

再自婚約來觀察，男女雙方於婚約的議定可以事先講好條件，如《夷堅
支庚》卷九，「余吏部」條載：

> 德興石月老人余先生，有母弟，弱冠力學能文。里中王氏，約聘以
> 女，資裝甚厚，然須登科乃親迎。余預鄉貢而黜於春闈，王女歸他
> 人。（頁 1205）〔註 19〕

這是女方以男方功名之有無為成親的條件，男方若達不到要求，女方改適便
不算違約。又《厚德錄》卷四載：

> 華陰呂君舉進士，聘里中女，行既中第，婦家言曰：「吾女故無疾，
> 既聘而後盲，敢辭。」呂君曰：「既聘而後盲，君不為欺，又何辭？」
> 遂取之。生五男皆中進士第，其一人為丞，汲公（呂大防）是也。（頁
> 9）〔註 20〕

可見男女雙方須在婚書中載明健康狀況，若聘定之後有變化，尤其是女方患
有「惡疾」，怕婚後男方嫌棄，女方是不敢對男方有所隱瞞的，男方重信諾，
不以女方後天缺陷為意，這便是積陰德。且自這個故事看來，作者雖然是勉
人遵守婚約之意，但益可見在上述狀況之下，大部分都會走上解除婚約一途
〔註 21〕。事實上，因為法令的保護，除非如前所述，男女雙方均訂好條件，

〔註 18〕周密，《癸辛雜識・前集》（稗海本），頁 28。

〔註 19〕又，《夷堅丁志》卷四，「孫五哥」條亦有類似記載，頁 546。

〔註 20〕另同書卷二，載朝士劉廷式事亦為類似故事（頁 15）。宋，羅願，《新安志》
（宋元地方志叢書本）卷十，也有類此故事，僅事同名異而已。

〔註 21〕何薳，《春渚紀聞》（宋元人說部叢書本）卷四〈雜記〉，「宿生盲報」條載，

否則女方是永遠立於被動地位的，筆記小說中多的是男方毀約的記載，如《清尊錄》述及富人張氏子於醉中約孫氏女為妻，當場以玉條脫為聘禮，事後竟然毀約之事。據載：

> 其後張別議婚，孫念勢不敵，不敢往問期，而張亦恃醉戲言耳，非實有意也，逾年張婚他族，女不肯嫁。〔註22〕

又《夷堅支癸》卷六，「張七省幹」條載：

> 張守中者，（中略）其母與議宗室女為妻，言定矣。張過市，覘銀鋪秦氏女美色，遽憑媒禮娶，秘不告母。後兩歲，母方知之，（中略）厚餉卑詞，謝絕趙氏。趙女以結約既久，無故遭斥，羞愧悒怏而死。
>
> （頁1263）

均可見男方的毀棄婚約是可以不講理由的，而且也沒有法律上的責任，頂多只是道義上受責備而已〔註23〕！因此若就婚約來比較男女兩家的主動權，無疑的，男方居於絕對優勢的地位，女方頂多只能開列某些要男方兌現的條件，即使男方毀約也是無可如何的。

在此附帶一提贅婿的問題。贅婿通常是因為年老無子，或是對女兒的過於鍾愛，乃招婿於家〔註24〕，但贅婿在女家常扮演一種附屬性角色，如《夷堅三志壬》卷十，「解七五姐」條載：解七五姐招婿施華，施華在出外經商時，密信告其妻說：「我在汝家日，為丈人丈母凌辱百端，況於經紀不遂，今浪跡汝寧府。」（頁1544）又卷六，「隗伯山」條載，饒州市民隗伯山到「王小三家作入舍女婿。為人無智慮，癡守坐食，王家不能容，常逼逐於外。」（頁1513）可見贅婿在當時經常受到輕視。

自贅婿而觀婦女的家庭地位問題，可知婦女在家庭中的從屬性角色實為

黃陞聘定一女，後以目盲，女方走報黃，乞罷婚。黃雖認為「昔許我固無恙人」，沒有因此棄之之理，終因母兄之命而告罷，頁3。

〔註22〕宋，撰人不詳，《清尊錄》（叢書集成新編本八七），頁10～12。

〔註23〕洪邁，《夷堅支戊志》卷十，「余程守婚約」條載：余程兩家本已結約，後為讒口所間，遂罷約。余元量雖別有所議，但均不順，後夢神人化名董守約，勉其守舊約，終復前盟（頁1129）。又《夷堅志補》卷二，「吳任鈞」條則載吳任鈞因信道人指其將任官之言，便欲棄吳父代議的史家婚約，思另結高門，終因父所約，又畏議，不能決（頁1562）。以上均只見道德性的制裁，未見女方有任何要求男方踐約的權利。

〔註24〕洪邁，《夷堅支乙志》卷六，「閻義方家雷」條載：「（閻）瞰之女兄為母楊氏鍾愛，招樂平洪懋將仕作贅婿」頁838。又《夷堅丙志》卷十，「廣州女」條載：「廣州番巷內民家女，父母甚愛之，納婿於家。」頁504。

父系社會下的產物，是一種制度性的，而非情緒化的現象，此由贅婿之無地位可以證明。因贅婿實係父系制下的產物，其原始目的一則爲家庭添男性勞動力，二則爲傳宗接代，若不符以上要求，則可休離之，這點與一般嫁娶式婚姻所產生的幾個離婚的理由並無差異。

綜觀女兒的婚姻狀況，無論從擇偶對象或議婚習慣來看，女兒本身並無所謂的自主權，若有不在父母長輩允許下的異性交往，便會被視爲姦淫而受到排斥、輕視或處罰。再自婚約的訂立來看，女方較男方有較少的主動權，也就是說，除非女方在事先訂有條件，否則她必須負絕對的成婚義務，但對男方毀約的行爲，卻是束手無策的。

四、財產權

在女兒的財產權方面，最重要的途徑仍是嫁資的取得。袁采在《世範・處己篇》中說：

> 至于養女，亦當早爲儲蓄衣衾粧奩之具，及至遣嫁，乃不費力。若置而不問，但稱臨時，此有何術？不過鬻田廬，及不恤女子之羞見人也。（卷中，頁 21）

可見當時人對女兒的嫁資極爲重視。如葉夢得在《石林家訓》中告諭諸子，言其爲兩位妹妹營辦嫁資之情景，有道：

> 少師損館，惟二姑氏未嫁，榮國太夫人追念不已，吾思無以得其意，惟二姑氏得佳婿，盡吾力嫁遣，猶庶幾其可。既得許章二人，初免喪，家無餘資，爲汝陽守，假貸于陳州蔡寬夫侍郎，得三千許緡，而吾汝陽奉八百給外，銖寸儲積，汝母積箱篋所有，僅留伏臘衣衾，其餘一金不以自有，如是數月，併歸二婿，奩具亦不致儉薄。〔註25〕

又《新安志》載：

> （新安地區）山出美材，歲聯爲桴下湔河，往者多取富。女子始生，則爲植木炎占，比嫁斬賣，以供百用，女以其故，或預自蓄藏。〔註26〕

均可見時人對營辦女兒粧奩之用心。但如果是孤貧女，恐怕會因無人爲其置

〔註25〕宋，葉夢得，《石林家訓》（說郛卷七五），頁 4396。
〔註26〕宋，羅願，《新安志》（宋元地方志叢書本）卷一，頁 5（總頁 795）。

辦粧奩而有難嫁的苦惱，因此在地方志及筆記中，便有出資代親友嫁女，而一時傳爲美談的軼事。〔註27〕

女兒的第二個財產取得方式是戶絕之承父產。如《夷堅志三補》載鄧倚娶彭氏女，因彭氏無子，此女盡挾田產歸鄧倚，箱值滿千萬。〔註28〕

第三個方式是戶絕而代父承應分族產，然此僅袁采於《世範》中勉人「孤女有分，必隨力厚嫁。合得田產，必依條分給。若吝于目前，必致嫁後有所陳訴。」〔註29〕至於社會上是否能施行，尚爲一個疑問。

第四個方式是因親子不孝，將財產遺贈給女婿。《厚德錄》卷一載：

> 許昌士人張孝基，嫁同里富人女，富人只一子，不肖，斥逐之，富人病且死，盡以家財付孝基，孝基與治後事如禮。（頁7）

因此袁采在《世範》卷上〈睦親篇〉中也謂：

> 今世固有生男不得力而依托女家，及身後葬祭皆由女子者，豈可謂生女之不如男也？（頁25）

可見遺產與女及女婿的情形並不算少。

總之，女兒的財產權，最正常的取得方式是嫁資；其次是戶絕的承父產。其他如戶絕的承父分及有親子在而得遺產，雖然律有明文，但一般人在以父系爲主的觀念下，恐怕是不願配合的多。

綜合本節所論，女兒在出生時的待遇及往後的教育機會上，明顯的低於男子，此或因欲由治於人者成爲治人者，或者欲以獲取功名，光宗耀祖，而科考只有男子才能參加，因此在當時人看來，重男輕女便爲一理所當然之事。但在婚姻方面，男和女同樣須接受父母或長輩的安排；唯自男女雙方對婚約的遵守義務上來看，女方居於被動的地位居多。在財產的取得方面，嫁粧是最常見的途徑，但也因爲宋人娶妻重資財，貧女常有難嫁之憂；其他如戶絕

〔註27〕宋，潛說友，《咸淳臨安志》（宋元地方志叢書本）卷四十六，載沈邈之事蹟云：「人有貧不能葬，及女子孤無以嫁者，以公使錢葬嫁數百人。」頁10～11。又李元綱，《厚德錄》卷一，載：「竇禹鈞，范陽人，爲左諫議大夫致仕，諸子登第，義風家法爲一時標表。（中略）同宗姻有（中略）孤遺女及貧不能嫁，公爲出錢而嫁之，由公而嫁凡二十八人。」頁13。又宋，王君玉，《國老談苑》（續百川學海本）卷下載：「查道初應舉，自荊湖遊，索獲貲十餘萬，至襄陽逆旅，見女子端麗秀出，非塵中之偶，因詰其所來，乃故人之女也，遂以行橐求良謹者嫁之。是歲由此罷舉。」頁1077。

〔註28〕宋，洪邁，《夷堅志三補》，「夢得富妻」條，頁1806。

〔註29〕宋，袁采，《世範》卷上〈睦親篇〉，頁25。

財產及遺產與女婿都不是常態的，因此，財產的擁有途徑及數額，女子仍較男子爲少。

第二節　妻子的家族角色與地位

在法律上，妻子固承擔「傳家事，承祭祀」的家族重任，一般人也多認爲媳婦應該負起家族興衰之責，要能「宜其室家，共惟歡慶」〔註30〕，扮演一個賢內助的角色。所以娶妻不娶外表「骨相寒薄」〔註31〕的，而萬一新婚期間新嫁娘甫過門，家庭就遭逢危難，比如丈夫受到官刑之類，這名妻子極有可能會被族人視爲命中剋夫，而遭舅姑「朝夕笞罵」〔註32〕。因此，一名已婚婦女在夫家的角色再也不能如未嫁前那麼單純，其一言一行都可能關係到家族的和諧與安定。

本節擬自婚姻生活，財產權與離婚方式三方面來探討實際生活情態下，妻子所扮演的角色與地位等問題。

一、婚姻生活

（一）理想的夫妻生活

在宋人著述中，有頗多關於賢慧婦女的描寫，多少反映出當時人理想中的女性性格。如《厚德錄》卷二，載：

> 慶曆三年，有李京者爲小官，吳鼎臣在侍從，二人相與通家。一日，京薦其友人於鼎臣，求聞達於朝廷，鼎臣即納其書奏之，京坐貶官。未行，京妻謁鼎臣妻取別，鼎臣妻慙不出，京妻立廳事召鼎臣幹僕語之曰：「我來，既爲往還之久，欲求一別，亦爲乃公嘗有數帖與吾夫禱私事，恐汝家終以爲疑。」索火焚之而去。（頁10）

這裡所說的是一個能與夫同進退，而又不挾私怨的女性。又《夷堅志補》載潼川府獄吏王藻常拿爲數不少的金錢回家，其妻懷疑是收受賄賂所得，雅不願得，乃設計曉喻其夫，願其莫取不義之財，王藻方瞿然而驚，痛悟前非而

〔註30〕《啓箚青錢前集》卷十〈通敘門・慶賀致語類〉，頁138。

〔註31〕宋，吳處厚，《青箱雜記》（稗海二）卷四，載：趙晁之妻欲以七女妻劉燁，劉燁卻辭說：「七姨骨相寒薄，非某之對，九姨乃宜匹。」（頁6）遂娶九姨。即是以妻子負家族興衰之責之證。

〔註32〕宋，司馬光，《涑水紀聞》（宋元人說部叢書本）卷二，頁5。又見《宋史》卷二五八〈曹彬傳〉，頁8983；及《厚德錄》卷一，頁3。

學道〔註33〕。再如蘇軾於其《東坡手澤》中，相當感念且讚揚其妻曾勸諫東坡不要挖掘寶藏〔註34〕。以上二例均可見賢明之妻室在家庭裡所擔當的諫誡角色，而為人夫者，也多能接受妻子善意的勸告。又如《夷堅三壬》卷二，「懶愚道人」條載：

> 金谿女子何氏，名師韞。（中略）才十四歲，嫁臨川饒氏，祖母已歿，父至貧，奩裝單薄。晝躬爨滌，夜讀書史，仍勉夫以學。（頁1479）

則是個在貧困中仍能自立並勸勉丈夫向學的女子。又《雋永錄》及《延祐四明志》中也都有安貧之妻的記載〔註35〕。而《石林避暑錄話》所載：

> 樂君，達州人，生巴峽間，（中略）家貧甚，不自經理，有一妻二兒一破婢，聚徒城西草廬三間，以其二處諸生，而妻子居其一。樂亦坦率多嬉笑，未嘗見其怒。一日過午未飯，妻使破婢告米竭，樂君曰：「少忍會，當有餉者。」妻不勝忿，忽自屏間躍出，取案上簡擊其首，樂君袒而走，仆于舍下，群兒環笑掖起。已而先君適送米三斗，樂君徐告其妻曰：「果不欺汝，飢甚，幸速炊。」〔註36〕

卻是反映出閒適安貧而活潑的夫妻生活，此時無所謂尊卑，無所謂地位高低的問題，有者，只是相當踏實的匹夫匹婦式的生活。

　　觀上諸例〔註37〕，那些妻子們在夫妻關係中確有「與夫齊」的地位，她們或賢明、或達理、或安貧、或相當的生活化，都能得到丈夫的尊重，因此這種和諧而溝通良好的關係，很可能是宋人心目中的理想典範。

〔註33〕宋，洪邁，《夷堅志補》卷十二，「保和真人」條，頁1662。

〔註34〕宋，蘇軾，《東坡手澤》（說郛卷二九），頁2017～2018。

〔註35〕宋，佚名，《雋永錄》（說郛卷三十），「巴家富詩」條載：「李黨學大女適巴長卿，巴氏貧甚，李亦安之，戲嘗作詩云：『誰道巴家窘，巴家十倍郗，池中羅水馬，庭下列蝸牛，燕麥紛無數，榆錢散不收，夜來深驟富，新月掛銀鈎。』」頁2073～2074。元，袁桷，《延祐四明志》（宋元地方志叢書本）卷四，「鄞江王先生」條曰：「王先生（中略）樂道安貧，妻收遺秉子，拾墮樵，浩然無悶。」頁14。

〔註36〕宋、葉夢得，《石林避暑錄話》（宋元人說部叢書本），頁7。

〔註37〕類似的例子尚有宋，曾慥，《高齋漫錄》（叢書集成新編本八六）載：成郎中妻不嫌其貌醜，與其和鳴偕老之事（頁9）。又有蘇軾，《東坡手澤》記「妻作送夫詩」曰：「真皇既東封訪天下隱者，得杞人楊璞能為詩，召對，自言不能，上問：『臨行有人作詩送卿否？』璞言：『惟臣妻有一首云：更休落魄耽杯酒，切莫猖狂愛詠詩，今日捉將官裡去，這回斷送老頭皮。』上大笑，送還山。」頁2018。

（二）宋人所要求的婦德項目

前文所談的只是代表性的，為使說明更具體起見，以下將針對宋人對婦女的要求而探討其家族角色與地位。

1. 孝　順

在宋人的觀念中，媳婦孝順翁姑是天經地義，不必作任何多餘的解釋。《清波雜志》記胡瑗之語曰：

> 嫁女須勝吾家者，娶婦須不若吾家者。或問其故，曰：嫁勝吾家則
> 女之事人必欲必戒，娶婦不若吾家，則婦事舅姑必執婦道。〔註38〕

又《袁氏世範》卷上〈睦親篇〉云：

> 凡人之婦，性行不相遠，而有小姑者獨不為舅姑所喜，此固舅姑之
> 愛偏，然為兒婦者要當一意承順，則尊長久而自悟，或父或舅姑終
> 於不察，則為子為婦無奈何，加敬之外，任之而已。（頁10～11）

也就是說媳婦最重要的責任是和丈夫一體孝敬父母翁姑，若是本分已守而仍得不到翁姑的諒解，也只能無可奈何的更加盡心無怨無尤罷了。因此在宋人的記述中有一些媳婦受到婆婆凌虐的故事〔註39〕，作者通常只記其事，對婆婆的行為從來不作批評，而苦媳婦的唯一希望只是快快生個兒子，以多少提昇其在家庭中的地位〔註40〕。相反的，若是媳婦不孝翁姑，多會得到慘酷的報應〔註41〕。《春渚紀聞》載某子因妻對母不孝，計誘其妻對母加意服侍數月，

〔註38〕宋，周煇，《清波雜志》（稗海本）卷下，頁3。

〔註39〕洪邁，《夷堅支乙志》卷三，「余尉二婦人」條載：「徐氏性嚴急，日夜詈責苛峻（其媳），婦不能堪，遂自縊死。」頁814。又卷二，「茶僕崔三」條載：「黃州市民李十八，開茶肆於觀風橋下。淳熙八年春夜，已扃戶，其僕崔三未寢，聞外人扣門，問為誰，（中略）曰：『我是只左側孫家媳婦，因取怒阿姑，被逐出，夜無所歸，願寄一宵。』頁805。

〔註40〕宋，邵伯溫，《河南邵氏聞見前錄》（叢書集成新編本八六），卷十八，載：「伯溫曾祖母張夫人御祖母李夫人嚴甚，李夫人不能堪，一夕欲自盡，夢神人令以玉筋食羹一杯，告曰無自盡，當生佳兒。」頁127。

〔註41〕《夷堅志》中這類的故事最多，如《支戊》卷四，「太陽步王氏婦」條載：王氏婦死而復甦，道陰司之罪刑以不孝罪最重（頁1082）。《乙志》卷二，「張十妻」因事舅姑無狀，乃兩股生惡瘡，蛆齧骨髓而亡（頁198）。《丙志》卷八，「謝七妻」因對婆婆不孝，令姑食麥而自食白米飯，終化為牛（頁430～431）。《丁志》卷十三，「李氏虎首」條載：李氏凶戾狠妬，不孝翁姑，終化為虎首而喪命（頁649）。又宋，徐鉉，《稽神錄》（宋元人說部叢書本）卷一，載歐陽氏一家於亂中與父母失散後，一日父至其家，因一身破蔽，不見容於媳婦，愧而訴於后土廟，婦乃遭雷霆震死（頁2）。以上的故事雖均嫌荒誕，但多少

終使姑媳和諧的故事中，有一段夫訓妻的對話，最能反映宋人對婦事翁姑的
態度，文載：

> 夫徐握刃怒視之曰：「汝見世間有夫殺婦者乎？」曰：「有之。」「復
> 見有子殺母者乎？」曰：「未聞也。」夫曰：「人之生也，以孝養爲
> 先，父母之恩，殺身莫報，及長而娶婦，正爲承奉舅姑以長子息耳。
> 汝歸我家，我每察汝恃少容色，不能承順我母，乃反令我爲此大逆，
> 天地神明其容之乎？我造此刃實要斷汝之首以快我母之心，姑貸汝
> 兩月，使汝改過，怡顏盡爲婦之道。（中略）」其婦戰懼淚如傾雨，
> 拜于胸下曰：「幸恕我此死，我當畢此生前，承順汝母，常如今日，
> 不敢更有少懈也。」久之乃許。（頁6～7）

可見在孝的大原則之下，丈夫可以對妻子的不孝加以懲處，因此《宋史·蘇
慶文傳》中，蘇慶文只消用休妻來威脅妻子便可以達到期望〔註42〕，益可見
「孝」爲婦職之要項，而妻子是沒有理由作任何申辯的。

2. 不 淫

　　淫與不孝同爲惡德之大者，在小說中也唯有這兩項會遭到冥報〔註43〕，
唯一不同的是，只要是不孝，果報必隨身，而淫則不一定遭到處罰，且貧民
多容妻與人姦〔註44〕。雖然如此，淫之被視爲見不得人的事，是無可置疑的，

　　　　反映出宋人以媳婦之不孝爲罪無可逭的行爲。

〔註42〕《宋史》卷四五六〈蘇慶文傳〉載：「慶文，夏縣人，（中略）母少寡，慶文
　　　　懼其妻不能敬事，每戒之曰：『汝事吾母，少不謹，必逐汝。』妻奉教，母得
　　　　安其室終身。」頁13409。

〔註43〕「妬」雖也有遭到冥報之例，但均爲害人性命而得，若不害人性命的妬多半
　　　　得到寬貸。而淫的冥報較諸不孝並不相上下，亦極盡殘忍之能事，如《夷堅
　　　　丙志》卷二，「轟從志」條載：「儀州推官黃靖國病，陰吏逮入冥證事。（中略）
　　　　至河邊，見獄吏捽一婦人，持刀剖其婦，握其腸而滌之。傍有僧語曰：『此乃
　　　　子同官某之妻也。欲與醫者轟生通，（中略）所以蕩滌腸胃者，除其淫也。』」
　　　　頁379。又《夷堅支甲志》卷六，「高周二婦」條載：「（高氏之）夫已亡，高
　　　　與惡少年通姦，至於孕育，慮爲人所訟，溺殺兒。後數年，得蠱病，（中略）
　　　　徹日夜呼痛，（中略）皆知其殺子之冤，生受此報。」頁757～758。

〔註44〕宋，莊綽，《雞肋篇》（叢書集成新編本八六）卷中，載：「兩浙婦人皆事服飾
　　　　口腹，而恥爲營生，故小民之家不能供其費者，皆縱其私通，謂之貼夫，公
　　　　然出入，不以爲怪。如近寺居人，其所貼者皆僧行也，多至有四五焉。」（頁
　　　　58）又《夷堅志》中有多則貧民之妻與魅精木魅相姦，而爲丈夫趕走，夫婦
　　　　仍舊相待如初的故事。如《志三補》，「楊樹精」；《三辛志》卷五，「程山人女」；
　　　　《三志己》卷二，「璩小十家怪」；《支乙志》卷一，「張四妻」及卷十一，「王

《遜齋閒覽》記一軍士劉喜，因妻子與人私通，爲了「不能默默受辱於人」，便縱火焚妻，官吏還「奇其節而釋其罪」〔註45〕。而《清平山堂話本》〈刎剄鴛鴦會〉記張二捉姦妻道：

> 張二提刀在手，潛至門梯，（中略）踅將下來，（中略）本婦諕得戰做了一團，（中略）秉中赤條條蓆下床來，匍匐口稱死罪死罪，情願將家私并女奉報。（中略）張二官那里准他，則見刀過處，一對人頭落地，兩腔鮮血衝天。（頁 267～268）

大有罔視國法，殺之而後快之情。此具可見妻子姦淫在當時是爲人所疾惡的。龐德新認爲所謂宋代社會對婦女貞操問題的寬泛，那只是說時人對一些无媒自嫁，失婚再適，或是時窮失節的婦女，採取了寬大的態度。並不等於說他們對那些既經婚配，還要眩色縱慾，偷情幽會，亂搞男女關係的蕩婦淫娃，也一體地不聞不問，任令爲所欲爲。廣大的兩京市民，特別是薄有產業的中產以下之市民，一般還是十分重視正常家庭生活，絕不肯容忍自己的妻子有不忠實行爲的。〔註46〕

3. 不　妒

所謂「牝雞司晨，唯家之索」，宋人對於妒妻、悍妻似頗爲忌憚，有「婦人之妒出于天性，殆不可開諭，甚者雖脅以白刃，不變也。」〔註47〕之語，但是，除了官方曾對不能制妒悍妻的官吏施以懲戒〔註48〕外，大部分的人對於嬌妻之善妒，幾乎都是採取逆來順受的態度。例如「河東獅」之典即出於此時〔註49〕，而宋人俗語形容麤率之婦爲「碎接花打人」〔註50〕，竟頗有憐

彥太家」諸條。這些故事頗可與雞肋編所記互爲參證，所謂魅精木魅蓋可視爲掩飾之詞。

〔註45〕宋，范正敏，《遜齋閒覽》（說郛本卷三二），頁 2207。

〔註46〕龐德新，《宋代兩京市民生活》，頁 131。

〔註47〕《遜齋閒覽》，頁 2205。

〔註48〕《續資治通鑑長編》卷六五，「景德四年（1007）六月己酉」條云：「賈翔言：『國子博士通判台州龔緩，治家無狀，不能制悍妻，準敕斷離，取笑朝列，不當親民。』詔徙監場務。」頁 66。又卷八六，「大中祥符九年（1016）正月庚午」條載：「度支員外郎知河中府勾克儉，妻悍戾，與豪家往還，因緣納賄。克儉不能禁。辛未，降克儉知寧州。」頁 357。

〔註49〕洪邁，《容齋三筆》卷三，「陳季常」條載：「陳慥，字季常，（中略）好賓客，喜蓄聲妓，然其妻柳氏絕兇妒，故東坡有詩云：『龍丘居士亦可憐，談空說有夜不眠。忽聞河東獅子吼，拄杖落手心茫然。』河東獅子指柳氏也。」頁 6～7。又《古今圖書集成‧家範典》卷九十〈夫婦部‧紀事五〉錄《掞掌錄》

惜之意，至不堪忍受，便只好求助於神道〔註51〕，再不行，只得等妻子死亡方行逍遙了。〔註52〕

「季常癖」之被嘲笑，多少意味著時人對妻子不妬的要求。但妻子妬悍的由來，又與男性的聲色嗜好有關〔註53〕，甚至也可以說這是女性對不合理的兩性關係的消極反抗。明乎此，宋人固希望妻子柔順，但對妬婦亦未曾深責，除非她們的行為已戕害到他人的生命安全，才施以道德性的制裁。〔註54〕

4. 寡 言

在《清平山堂話本》〈快嘴李翠蓮〉裡，翠蓮的父母對翠蓮的口快很是擔心，文載：

　　娶親三日前，李員外與媽媽論議道：「女兒諸般好了，只是口快，我

云：「安鴻漸，有滑稽清才，而復懼內，婦翁死，哭於路，其獳人性素嚴，（中略）戒曰：『來日早臨棺，須見淚。』漸（中略）以寬巾納濕紙置于額，大叩其顙而慟，慟罷，其妻又呼入窺之，妻驚曰：『淚出于眼，何故額流？』漸對曰：『豈不聞自古云水出高原。』聞者大笑。」頁33。又宋，陶穀，《清異錄》（叢書集成新編八六）卷二，「黑鳳凰」條載：「禮部郎康凝畏妻甚有聲，妻有病，求烏鴉為藥，而積雪未消，難以網捕，妻大怒，欲加捶楚，凝畏懼，涉泥出郊用粒食引致之，僅獲一枚。同省劉尚賢戲之曰：『聖人以鳳凰來儀為瑞，君獲此免禍，可謂黑鳳凰矣。』」頁31。

〔註50〕 宋，章淵，《稿簡贅筆》（說郛卷四四），頁2873。

〔註51〕 宋，周玒，《開顏錄》（說郛卷六五）載：「京邑有士人婦大妬于夫，小則罵詈，大則箠打，常以長繩繫腳，且喚便牽至。夫密乞巫嫗為計。因婦眠，士人入廁以繩繫羊，士人踰牆避。婦人覺牽繩而羊至，大驚召問巫嫗。巫嫗曰：『娘子積惡，先人怪責，故郎君變成羊，若能克己改悔，乃可祈請。』婦因悲號，抱羊大慟哭，深自咎悔，誓不復妬。嫗乃（中略）呪羊還復本形。士人徐還，婦見聲問曰：『多日作羊不乃辛若耶。』答曰：『猶憶噉草不美，腹中痛耳。』婦人愈哀，自此不復妬矣。」頁3942。

〔註52〕 宋，龐元英，《談藪》（叢書集成新編八十六）載：「洪文惠，文敏兄弟皆畏內，雖少年貴達，家有聲伎之奉，往往不能快意。王宣子知饒州，景伯家居喪偶，宣子弔焉。主人受弔已，延客至內齋，喚酒小酌，甫舉杯，群妾坌出，素妝靚態，黛色粉光，不異平日，讙浪笑語，酒行至無算。景伯半酣握王手曰：『不圖今有此樂。』」頁2。

〔註53〕 《遯齋閒覽》載范寺成妻，色美而妒，因疑其夫與妓通，自縊而亡。又某湖南倅於宴中同妓調笑，致妻子手刃二子為報（頁2205～2206）。皆是因丈夫迷於聲色而起。

〔註54〕 宋，吳并，《漫堂隨筆》（說郛卷六四）載陳氏因前世妬殺孕婦於井中，致今世受腰冷之病（頁3895）。又《夷堅丁志》卷十三，「張尚書兒」條載：「張克公尚書夫人御婢妾嚴屬，每瞋恚便閉諸空室不與食，生三子皆畸型而不育，晚年則不能飲食而亡。」（頁650）。

和你放心不下（中略）須分付他一場。」（中略）「孩兒，爹娘只因
你口快了愁，今番只是少說些，古人云：『多言眾所忌。』到人家只
是謹慎言語，千萬記著。」翠蓮曰：「曉得，如今只閉著口兒罷。」
（頁98～100）

但翠蓮嫁到了夫家，嘴快的本性仍不改，以致惱了公公。又載：

員外見說大怒曰：「女人家須要溫柔穩重，說話安詳，方是做媳婦的
道理，那會見這樣長舌婦人？」（頁122）

最後李翠蓮即因口快而被休。

　　何以宋人對婦女之多言如此忌憚呢？《三山志》卷三十九記蔡襄知福州
日告民之「五戒」，其第三道：

兄弟之愛，出於性天，少小相從，其心俱忻，豈有間哉？迨因娶婦，
或至臨財，憎惡一開，即成怨隙，至有興訴訟，有刑獄至死而不息
者，殊可哀也。（頁8074）

又葉夢得，《石林家訓》亦說：

吾觀近世兄弟間失和事雖不一，然其大有二：溺妻妾之私，以口語
相諜。較貨物之入以增減相奪。（頁4396）〔註55〕

簡單的說，宋人以為家人或族人間能否緊密團結，和諧相處而沒有彼此刻剝
計較之事，須取決於婦女間不妄生言語，而丈夫也不能隨便聽信婦言，致開
鬩牆之爭。所以無論是「口舌」之列為七出之一，或一般人對婦女寡言的要
求，都是具有家族意義的。

（三）男性的雙重標準

《積善錄》論御妻妾道：

治家室，御妻妾之道，當以至正與夫仁術。大抵婦人女子之情性，
多淫邪而少正，易喜怒而多乖。（中略）率之以仁，教之以義，和之
以禮，撫之以恩，勿聽其言，勿受其制，勿徒其役，任以可責之事，
使以不怨之勞，有能不可太寵，有過不可窮治，舉動不為彼所識，
措畫不為彼所料，如是則彼之平昔所可逞者，皆在吾術中矣！〔註56〕

〔註55〕《袁氏世範》卷上亦曰：「凡人之家，有子弟及婦女，好傳遞言語，則雖謂舅
姑、伯叔、妯娌皆假合強為之稱呼，非自然天屬，故輕于割恩，易于脩怨，
非丈夫有遠識，則為其役而不自覺，一家之中，乖變生矣。」頁15～16。
〔註56〕宋，撰人不詳，《積善錄》（叢書集成新編十四），頁11～12。

所謂「彼之平昔所可逞者，皆在吾術中」，令人有男人無能，以御女人爲能之感，其所企盼者爲治女人於股掌之間，因此待人的雙重標準於焉而生。如《三朝野史》載：

> 馬光祖知京口，判犯姦婦云：「世間若無婦人，天下業風方靜。」

但對某士人偷人室女卻判云：

> 多情多愛，還了平生花柳債；好個檀郎，室女爲妻也不妨。

竟不究此人之罪，而作者還稱許他「以禮待士」〔註57〕，是只許男人偷情，而不許女人犯姦的自私矛盾心態。在筆記中有不少丈夫對妻子不義的記載，如《夷堅志補》卷十一載滿少卿於落拓時娶民女焦氏，貴顯後以焦寒微而棄之。如《桐陰舊話》載一富家子因悅倡女，乃置蠱毒妻，後雖正法，但可見玩弄女性之心態〔註58〕。《厚德錄》載賀織女一不計較丈夫不養家，二不妒恨丈夫在外納妾；三不抱怨丈夫對其非理毆罵；四對婆婆的凌虐永遠恭謹下氣，逆來順受，傭織所得盡歸其姑，己則飢不飽食，寒不營衣。這可謂是男性心目中最典型而理想的妻子，所以李元綱稱許她「雖古之賢哲無以過也」〔註59〕，換個角度說，或還以之爲理所當然。

對於這種不平衡的現象，洪邁曾加以聲討，在記「解洵娶妻」中，描寫解洵忘了二十年落魄時，妻子待他的舊恩，反耽溺於美色而與妻疏遠，妻責問之曰：

> 「汝不記昔年乞食趙魏時事乎？非我之力，已爲莩矣！一旦得志，
> 便爾忘恩，大丈夫如何獨不愧於心邪！」洵怒，擊妻。妻不爲所動，
> 忽翩然起，燈燭陡暗，少焉燈復明，洵已橫尸地上。〔註60〕

在此作者賦予女人懲罰不義男子的能力，可謂對當時不平等現象的一種聲援。雖洪邁有些成見，或存有男子至上主義之思想，其基本的態度仍希望男女各盡義務，不爲不義事，這種要求是沒有性別之分的〔註61〕。另外除了洪邁，說話人對於「快嘴李翠蓮」也寄予無限的同情，話本記李翠蓮於公婆責備其多言之後說：

〔註57〕宋，佚名，《三朝野史》（叢書集成新編一一七），頁3。

〔註58〕宋，韓元吉，《桐陰舊話》（叢書集成新編八十四），頁3。

〔註59〕《厚德錄》，卷二，頁11。

〔註60〕《夷堅志補》卷十四，「解洵娶妻」條，頁1675～1676。

〔註61〕洪邁記女子對男子不義之懲罰，尚見於《夷堅三辛志》卷五，「汪季英不義」條，頁1422。

記得幾個古賢人，張良，蒯文通說話，陸賈，蕭何快調文、子建、楊脩也不亞，張儀、蘇秦說六國，吳晏、管仲說五霸，六計陳平、李左車，十二干羅并子夏，這些古人能說話，齊家治國平天下。公公要奴不說話，將我口兒縫住罷。（頁122～123）

所以說話人讚美她：「問一答十古未難，問十答百豈非凡。能言快語眞奇異，莫作尋常當等閒。」但對這樣一個「姿容出眾、女紅、針指、書史、百家，無所不通」的女子，因不見容於保守而制度強化的社會，說話人也只得安排一個符合其獨立思想人格的悲壯收場——出家。〔註62〕

　　雙重標準的產生，可見宋代是個以男性爲中心的社會，但某些人的打抱不平，又可見時人於此不平衡的社會現象並非不關痛癢。

二、離　婚

　　在兩宋，最常見的離婚原因可歸爲四種，分別是丈夫遠離、夫妻不和、妻子姦淫，無故離婚。

　　先言丈夫遠離：《雞肋編》載：

紹興辛己冬，女眞犯順，米忠信夜于淮南劫寨，得一箱篋，乃是燕山來者，有所附書十餘封，多是虜中妻寄軍中之夫。（中略）一紙，別無他語，止詩一篇：「垂陽傳語山丹，你到江南艱難，你那裡討個南婆，我這裡嫁個契丹。」（說郛本，頁550）

這是因爲丈夫離家日久，且相聚不易，而妻子主動求去之例。

　　次言夫妻不和：《師友談記》載：

章元弼頃娶中表陳氏，甚端麗，元弼貌寢陋嗜學，初眉山集有雕本，元弼得之，夜觀之忘寢，陳氏有言求去，元弼出之。〔註63〕

則爲妻子主動要求離異，而得丈夫同意之例。另《東軒筆錄》載：

王荊公之次子名雱，爲太常寺太祝，素有心疾，娶同郡龐氏女爲妻，逾年生一子，雱以貌不類己，百計欲殺之，竟以悸死。又與其妻日相笙閱，荊公知其子失心，念其婦無罪欲離異之，則恐其誤被惡聲，遂與擇婿而嫁之。〔註64〕

〔註62〕以上俱見《清平山堂話本》「快嘴李翠蓮」，頁97～127。

〔註63〕宋，李薦，《師友談記》（叢書集成新編八六），頁10。

〔註64〕宋，魏泰，《東軒筆錄》（叢書集成新編八四）卷七，頁47～48。

此則類似和離。但也有夫妻不和，丈夫只是別房而居，並不出妻的例子。
〔註65〕

三、妻子姦淫

《瀟湘錄》中載一婦人與其家犬同寢，並作姦淫狀，卻被其夫發現而被出〔註66〕。但也有得知妻子與人有姦情之後，只是「防閑之嚴密」，並未出妻的例子。〔註67〕

四、無故離婚

所謂無故離婚是指妻子並無犯七出之款，丈夫卻無故休妻。《藏一話腴》載：

> 唐李度支以蓄妓陶芳於中門而去妻，當時有敕停官，及薨亦無追贈，今世如李者多矣。〔註68〕

上例指出宋代有不少人因迷於聲色之好而去妻，至於是不是都遭到司法的制裁則不一定。此外，《夷堅三壬志》卷二，「趙希哲司法」條載：

> 宗子希哲，字行之，居建昌，娶南城董宗安之女。（中略）利心忽起，妄以他事離其妻，再娶富室周氏，大獲粧奩。（頁1482～1483）

則是利於財貨而無故出妻。另有因為妻子長相醜陋而棄之者，也有自認為難致貴達而休妻者〔註69〕。又話本〈快嘴李翠蓮〉則是因為個人心直口快而被休。以上都是妻子沒有顯明的過惡而被休離之例。

綜合上述離婚事例，即使由女方主動要求離婚，其同意權仍在男方；反之，若是丈夫要出妻，是不必事先徵求妻子的同意的。如《東軒筆錄》卷十三載：

> 皇甫泌，向敏中之婿也，少年縱逸，多外寵，往往涉旬不歸，敏中方秉政，每優容之，而其女抱病甚篤，敏中深以為憂，且有恚怒之詞，不得已，具箚子乞與泌離婚。（頁99）

〔註65〕《談藪》（說郛卷三十一）載：「丁少詹與妻有違言，棄家居茶寮山，茹素誦經，日買海物放生，久而不歸，妻患之。」
〔註66〕李隱，《瀟湘錄》（叢書集成新編八二），頁8。
〔註67〕《清尊錄》，頁4～7。
〔註68〕宋，陳郁，《藏一話腴》（叢書集成新編八七）卷上，頁7。
〔註69〕分見《夷堅三己志》卷九，「建德茅屋女」條，頁1373。及《夷堅支丁志》卷一，「郭大夫」條，頁974。

可見即使是丈夫縱慾，妻子仍不能擅離，而須先經官陳訴。但是若丈夫無故出妻，妻子不告官，官府也不會主動究辦，一般人只能予以道德性制裁而已〔註 70〕。由此可見，在法律上，於離婚要件雖訂得詳細明白，但大部分的婦女習而不察，致陷於被宰割之地而不自知。

五、財產權

先言夫婦俱存時的財產權：《夷堅丙志卷十一》，「錢爲鼠鳴」條載：

> 吾鄉里有小民，樸鈍無心技，唯與人庸力受直。族祖家日以三十錢顧之舂穀、凡歲餘，得錢十四千。置於胠隅，戒妻子不得輒用。（頁 462）

又《聞見前錄》卷十七載「姚孝子莊」之事云：

> 河中府河東縣永樂鎮（中略）有姚孝子莊，孝子名栖筠，（中略）自栖筠而下，義居二十餘世矣。（中略）無異爨者，男女衣服各一架，不分彼此。有子弟新娶，私市食以遺其妻，妻不受，納於尊長，請杖之。（頁 124）

前者是丈夫所置之財，妻子不得私自挪用；後者則在說明子婦無私蓄、無私貨的道理。可見妻子對於夫家財產並無私有權。但若是自己的隨嫁資產，則又另當別論，《甲申雜記》載：

> 辛諫議子有儀，嘗與阮逸善，一日謂逸曰：「君未娶，我有一相知，無子而饒財，有女求婿，其家房奩二千，當爲君營之，苟成，當以一千謝我。」逸唯唯。姻既成，逸以前約語其妻，其妻難之，有儀怨甚。〔註 71〕

可見妻子的粧奩並不一定完全由夫作主。

次言丈夫死亡後，妻的財產權：《春渚紀聞》卷二，「二富室疎財」條載：

> 宣和間，朝廷收復燕雲，即科郡縣數率等第出錢，增免夫錢，海州懷仁縣楊六秀才妻劉氏，夫死，獨與一子俱，而家素饒於財，聞官司督率嚴促，而貧下戶難於輸納，即請於縣，乞以家財萬緡以免下戶之輸，縣令欣然從之，調夫輦運數日，盡空其庫藏者七間。（頁 1）

〔註 70〕如前述「趙希哲司法」於棄妻別娶後，夢其父告之曰：「汝當致位侍從，緣休妻非其罪，今望前程亦難矣。」
〔註 71〕宋，王鞏，《甲申雜記》（叢書集成新編一一七），頁 2。

可見丈夫死亡而妻子守志，妻子有處理家財之權。但若妻子再嫁則又不然，《夷堅支丁志》卷六，「證果寺習業」條載：某人寓居於證果寺，夜半遇一已亡舊友託付他說：

> 「吾亡後，妻即改嫁。稚子懦弱，殆無以食。吾生時積館舍所贏館白金二百兩，埋於屋下某處，願爲語吾兒，發取以治生。切勿令故妻知」（頁 1011～1012）

則爲丈夫亡後再嫁，妻子不得再擁有夫產之例。但是陶穀曾批評丈夫爲妻所制的情形說：

> 夫在其間，愚以度日，坐以待盡。或十年，或六、七年，或二、三年。齒髮且衰，壽命且終，財貨歸彼，卷而懷之，則聯秦合晉之事萌，而請媒通聘之迹見矣。〔註72〕

又可見一般人雖排斥妻子攜夫產再嫁，但仍有法所不及或人情難能之處。

綜合上論，妻子在家庭中最重要的義務是孝順於翁姑，忠貞於丈夫，並能輯和族人，更進一步便是夫妻間能彼此提攜，且妻子對丈夫能有所諫諍。這應是宋人心目中最理想的婚姻生活，而此時妻子的地位也多半會得到尊重。但自兩性的比較來看，卻是男性要求女性的居多，而男性本身有所自覺的卻少；對男性的乖忤行爲，女性或是逆來順受，或是強化妬悍的性格以反抗之，很少有積極的應付方法，此或是以男性爲中心的社會的基本現象，也可能是女性習久不察的結果。在經濟權方面，妻子能夠自由支配的只限於自己的粧奩，對夫家的財產只有保管權，因此丈夫在時不能私自挪用，丈夫亡後也不能攜故夫產再嫁。雖有例外的情形發生，但在宋人的觀念中是不被允許的。

第三節　妾的家庭角色與地位

妾的地位與正妻有很大的差別，所謂「名不正，則言不順」，本節擬就一、妾的來源與納妾的的原因，二、妾的地位與改變因素，三、妾的財產權，來探討她在家庭裡的角色與地位問題。

一、妾的來源與納妾的原因

關於妾的來源，《新編事文類要啓箚青錢后集》卷九〈請託門・載委置侍

〔註72〕《清異錄》卷一，「黑心符」條，頁 19。

妾之簡〉有云：

> （委置侍妾）偶欲得一針線飲食之妾，仙里商販所集，計必有此，
> 倘蒙引進爲感。
>
> （答）承喻置寵，已即扣之僧者，云：日來殊少，雇直稍高，有可
> 意者，即遣詣盛宅。（委置文物小簡，頁 295）

可見納妾要先透過牙僧的介紹，且爲一種交易性的行爲。如果兩相情願，便
須寫下契約書。同書外集，卷十一又載「雇女子書式」，此式中載明旳有四
事：（一）妾的身分來歷；（二）雇賃年限；（三）價格；（四）父母不追究任
何意外。一宗人口買賣於焉成立。〔註73〕

　　至於爲何會有這種人口買賣，須自供需雙方說起，自供給一方言，或因
父母家貧，只得賣女爲妾，如《夷堅三己志》卷一，「長安李妹」條載：「李
妹者，長安女倡也。家甚貧，年未筓，母以售於宗室四王宮，爲同州節度之
妾。」（頁 1309）又《夷堅志補》卷三，「曾魯公」條載曾魯公游京師時，
曾見人因負官錢，只得將女兒以四十萬的價格賣給商人爲妾（頁 1566～
1567）。另即便是曾爲官宦人家，也可能因父死家貧而賣爲人妾〔註74〕。也有
爲了報恩，而將女兒送人爲妾的，如《宋史》卷二九八〈司馬池傳〉載：「（司
馬）旦，與人交以信義，喜周其急。當有以罪免官，貧不能存者，月分濟
之，其人無以報，願以女爲妾。」（頁 9906）或是急需而鬻妻爲人妾，如邵伯
溫，《河南邵氏聞見前錄》卷十一載，王安石之妻爲其買一妾，此妾自稱其夫
因公失職，家資盡沒官猶不足，只得賣妻以償（頁 82）。以上諸例俱有情非得
已之由。

　　再自需求的一方言，置妾最主要的目的是爲了生子，《齊東野語》卷十六
載：

> 陳了翁之父尚書，與潘良貴父義榮之交情好甚密。潘一日謂陳曰：
> 「吾二人官職年齒種種相似，獨有一事不如公，甚以爲恨。」陳問
> 之，潘曰：「公有三子，我乃無之。」陳曰：「我有一婢，已生子矣，
> 當以奉借，它日生子即見還。」既而遣至，即了翁之母也，未幾生
> 良貴。後其母遂往來兩家焉。（頁 5）

〔註73〕《啓箚青錢》中所載雇女子書式，乃元初公文式，但去宋未遠，可以徵引來
　　　　以證宋事。

〔註74〕宋，馬純，《陶朱新錄》（叢書集成本新編八六），頁 5～6。

可見宋人對於子嗣的重視，有子者更求多子，無子者則千方百計欲求一子〔註75〕。更有妻子主動為丈夫置妾的，也都是基於子嗣的考慮〔註76〕。即使心中有所不甘，也是莫可奈何〔註77〕。所以納妾的首要目的在得子嗣，至於富人、士大夫之迷於聲色之好者，除了妾之外，尚有其他的途徑，不能與此並論。

二、妾的地位與改變因素

（一）妾的家庭地位

在《新編事文類要啟箚青錢前集》卷十〈通敘門‧親屬稱呼類〉中，將妾納入「部屬」類，與家僮、小廝等歸為一類，可見其地位之卑微。而在民間故事中，也傳遞著這種概念，《夷堅甲志》卷九，「黃履中禱子」條載：

> 黃鉞（中略）其祖履中無子，禱于君山廟。夢人以綵籠盛五色鳳三，別以筠籠盛一鳥，併授之。後正室生三子，皆擢第。妾生一子，無所能。（頁74）

以綵籠象徵正妻，以筠籠象徵妾，都是區別尊卑的表現，而且妾的身分也不容隨意更改，《宋史‧鎮恭懿王元偓傳》載：

> 允弼子宗景，喪其夫人，將以妾繼室，先出之于外，而託為良家女，且納焉，坐奪開封府。（卷二四五，頁8704）

所以「以妾為正」是不被法律所允許的，而在民間習慣上，如王明清《摭青雜說》中載一鹽商項四郎，百計要將水中獲救的七娘嫁為人妻，不願她「作倡女婢妾，一生無出倫」，但因為「好人不知來歷」，不肯娶她，最後雖得金尉的喜愛，也只以「若得知汝家世分明，當冊汝為正室」為條件，並不因丈

〔註75〕宋，王明清，《投轄錄》（四庫全書本子部三四四）載：一京城富人，蓄婢甚多而無子嗣，每鈎致年少之徒與群妾合，是欲借外力而得子（頁4～5）。又《夷堅支乙志》卷六，載汴人閻畋「先娶嚴陵余氏女，經數載，仳離之，而蓄妾，每數月無娠孕，即逐去。」（頁837）。

〔註76〕清，徐時棟，《四明六志校勘記》二（宋元地方志叢書本）亦載：「袁昇（中略）夫婦年近五十無子，其妻資遣之臨安買妾。」頁17～18。宋周輝，《清波別志》（四庫全書本子部三四五）卷三，載：「舊傳溫公未有子，清河郡君為置一妾。」（頁22）以上都是妻子為丈夫置妾以求子之例。

〔註77〕《夷堅志補》卷六，「葉司法妻」條載：「台州司法葉薦妻，天性殘妬，婢妾稍似人者，必痛撻之，或至於死，葉莫能制。嘗以誠告之曰：『吾年且六十，豈復求聲色之奉，但老而無子，只欲買一妾為嗣續計，可乎？』妻曰：『更以數年為期，恐吾自有子。』至期，不得已勉徇其請。」頁1608。

夫所喜便擢爲正室，可見妾爲賤屬，其地位與妻子有絕大的差別。

因爲妾的地位卑賤，其生命安全便得不到有效的保障，可說是死生由人。如《夷堅三己志》卷十，「葉氏七狐」條載一小妾只因偷煮了枚雞蛋，便被主人罰以手入滾水中取蛋，致肉爛而亡〔註78〕。而《夷堅支乙志》載秦中名將楊政剝姬妾之皮事，及江東兵馬鈐轄王瑜對姬妾酷刑烤打事，皆極盡酷毒〔註79〕。以上都是妾遭主人虐待的事例，但仍以遭主母排斥，凌虐之事最爲常見，《夷堅志》中載這類事件最多，有因受不了主母日夜楚毒，自經而死者〔註80〕，有被箠楚而死者〔註81〕，更有被分屍、斷舌者〔註82〕。而通常主母對妾之凌虐又多爲丈夫所不能制、不敢制，至多只能緩和一下而已〔註83〕。故非有特殊之因素，一生難脫淒楚之苦。

妾除了身份卑賤，死生由人之外，她對自己的身體也絲毫沒有自主權，除非在賣身契中有寫明年限，及期可歸父母家外〔註84〕，否則或典或賣悉隨主人之意〔註85〕，當然，因一語失歡而被棄如敝屣的，更是所在多有。〔註86〕

〔註78〕見頁1380。又《夷堅三辛志》卷一，「張淵侍妾」條載觀察使張淵，御妾甚嚴，小過必撻，一妾乃以風中之燭自比（頁1391）。

〔註79〕見《夷堅支乙志》卷八，「楊政姬妾」條，頁857；及卷九，「王瑜殺妾」條，頁866。

〔註80〕《夷堅支乙志》卷七，「朱司法妻」條，頁847～848。及卷八，「胡朝散夢」條，頁857。

〔註81〕《夷堅三己志》卷五，「朱妾眇眇」條，頁1341。及《甲志》卷十七，「解三娘」條，頁148～149。又李昌齡，《樂善錄》（稗海本）卷上所載與《夷堅甲志》略同，頁14～15。

〔註82〕《宋史》卷二四七〈宗室子瀟傳〉載：子瀟知泉州時，審明一吏之妻妬悍，將其妾殺而磔之，貯於缶中，移放於興化掾廨中之疑案，頁8748。夷堅支甲志，卷四載：「蘄春太守妻晁氏，性酷妬，遇妾（中略）有忤意者，既加痛箠，復用鐵鉗箝出舌，以剪刀斷之，（中略）踰月始死。」頁742。都是慘不忍睹的。

〔註83〕《夷堅志補》卷十七，「季元衡妾」條載：「季元衡，（中略）將往建康詣府尹，家有侍妾，慮主母不能容，常懷絕命之意。及是行，孚以情告妻曰：『吾去後，切勿加楚撻，倘或不測，恐費經護，必不可蓄，俟歸日去之不難也。』」（頁1706）又《睽車志》卷二所載亦類此，頁2382。

〔註84〕《夷堅支乙志》卷十，「趙主簿妾」條載：「潭州貧民某人，無夫，挾二女改嫁。稍長，悉售之爲人妾，次者入湘陰趙主簿家，歲滿不得歸。繼父死，厥母經官取之。」頁869。

〔註85〕《京本通俗小說》第十五卷，「錯斬崔寧」載劉官人向丈人借了十五貫生意本錢，歸家後卻以此戲弄小妾二姐，口稱因「一時無奈，沒計可施，只得把你典與一個客人。又因捨不得你，只典得十五貫錢。若是我有些好處，加利贖

簡言之，妾的地位同貨物是沒有兩樣的。

（二）妾地位的改變因素

妾欲其地位有所改變，只有幾個因素可循，其一是生子：《宋史》卷二六四〈沈倫傳〉載：

> 倫微時娶閻氏，無子。妾田氏生繼宗。及貴，閻以封邑固讓田，倫乃爲閻治第太康，田遂爲正室。縉紳非之。（頁9114）

這是因妾生子而以妾爲正的特例，也可見生子對妾的地位有相當大的影響力。但不見得人人都如田氏般的幸運。如《夷堅志補》卷十，「朱天賜」條載；張福娘本爲朱遜之妾，俟朱遜娶妻范氏，因新婚不願留妾，不顧福娘有孕而逐之。福娘得子之後，使子從學讀書，直至朱遜死後，范婦因己無子，方迎福娘母子歸宗。此即妾已有孕，仍被主家所逐，俟因緣際會，方以有子而改變其困蹇的地位。但並非人人皆能如福娘般的逢難化吉，妾生子之後，其子或被棄，或被溺，仍不乏其例。〔註87〕

要之，妾生子雖不一定得到主家的歡迎，但只要兒子能活得下來，多少爲其身份地位的改變提供一線希望。

其二是正妻亡歿，妾主家政：《默記》載劉琯棄官尋訪出母，至彭坡，遇一村婦嫁女，經老卒相告，乃知竟爲其母。載云：

> 此本縣富人之女，嫁此村富家，其送女者所生也，其壻家去此纔十步。此婦人先在一大官家，聞生子，今作官矣。又入一家，再爲此富家側室，生兒女三人。（中略）其正室已亡，家甚富，而專家事。

所說者正是劉琯的母親，雖再嫁爲側室，但於嫡妻亡後便主家政，地位大大的提升〔註88〕。又《宋史》卷四六四，李昭亮傳載：

你回來：吾是照前這般不順溜，只索罷了。」而二姐竟信以爲眞，心想「不知他賣我與甚色樣人家？我須先去爹娘家裡說知。」（頁79～80）可見將自己的妾轉典或轉質與他人，在宋時應爲一種司空見慣的現象。

〔註86〕《夷堅三志己》卷一，「長安李妹」條載：李妹「善歌舞，能祇事王意。一日忤旨，命車載之戚里龍州刺史張侯別第。」頁1309。

〔註87〕《夷堅丁志》卷五，「三士問相」條載：黃崇懼妾子分產，而黃父又慚晚年得子，乃助父溺殺妾子（頁573～574）。《夷堅支甲志》卷八，「朱諷得子」條載：朱諷之僕拾獲一棄嬰，認爲「是必人家偏房所生，主母不容而棄之者」（頁777）。《夷堅志補》卷十六，「蔡五十三姐」條載李生遇一女子，自言爲父偏室所生，遭嫡母逼逐（頁1697）。

〔註88〕宋，王銍，《默記》（叢書集成新編本一一七），頁34～35。

昭亮，明德太后兄繼隆子也，（中略）妻早亡，内嬖三妾，迭預家政，
莫能制也。（頁13564）

另《夷堅支甲志》卷五，「劉氏二妾」條也載：

從事郎劉恕，吉州安福人，歷陽守子昂之子也。喪其妻，使二妾主
家政。（頁751）

都是嫡妻亡後，妾主家政之例。

其三是得主母之喜愛，可以安然相處。《夷堅乙志》卷十六，「姚氏妾」
條載：

會稽姚宏買一妾，善女工庖廚，且有姿色，又慧黠謹飭，能承迎人，
自主母以下皆愛之。（頁324）

但這一類的例子似乎並不多見。

其四是得夫之寵幸：《老學庵筆記》卷六載：

王黼在翰苑，嘗病疫，危甚，國醫皆束手。二妾曰艷娥、素娥，侍
疾，坐於足。素娥泣曰：「若内翰不諱，我輩豈忍獨生，惟當俱死爾。」
艷娥亦泣，徐曰：「人生死有命，固無可奈何，姊宜自寬。」黼雖昏
臥，實具聞之。既愈，素娥專房燕，封至淑人。（頁6）

是因爲在言行上得到丈夫的特別歡心，致得寵愛在一身，地位扶搖直上。此
外，即使是妾不爲主母所容，但如果丈夫能加意維護，未始不能自成一天地。
如《夷堅支丁志》卷八，「范斗南妾」條所載的：

范斗南，（中略）淳熙二年登第，待次某州教授。買一妾，寵之，而
内子游氏不容，乃詐語之曰：「明年我將赴官，道塗行李之費，貧無
以給。今浦城趙氏遣僕持書來，欲月以錢三千邀我作館客，不可失
也。」於是挈妾行。（頁1029）

則是金屋藏嬌的一個方法。

以上四種因素，實則只有生子或正妻亡歿兩者才能使妾的地位有實質上
的改善。她如得主母的喜愛，雖使日子好過些，仍脫離不了承迎的生活；至
於丈夫之專寵，實非名正言順，多少還是有壓力的，如素娥者並不多見。

（三）妾的下場

妾若無法對其地位有任何實質上的改變，則其結局多相當凄涼，如《夷
堅支乙志》卷十，「王姐求酒」條載：

建昌葉氏極多内寵。一妾王，妾病死，亦無子，故雖葬墓園，而春

秋薦莫勿及。（頁 874）

則是因為無子而為孤魂野鬼，在重視身後血食不斷的中國人心目中，這該是最悲慘的下場了。再其次是失寵，《夷堅志補》卷三，「曾魯公」條載曾公亮出錢贖回一少女，向其父母勸說：「幸勿與商人，吾欲取之。商人轉徙不常，又無義，將若女浪游江湖間，必無還理，一旦色衰愛弛，將視為賤婢。」已指出妾色衰，或者主人喜新厭舊，便有被棄若敝屣的下場。《夷堅丁志》卷十四，載「郭提刑妾」失寵的悲劇，有云：

> 政和末，陝西提刑郭允迪招提舉木筏葉大夫飲酒，出家伎侑席。一姬失寵於主人，解逢迎客意。葉乘醉謔之曰：「吾從主公求汝，必可得。當卜日遣車相迎。」姬大喜滿望，信為誠說，窮日夜望之，眠食盡廢，遂綿綿得疾不能興。傍人往視病，輒曰：「葉提舉車馬來未？」明年元夕，忽自力新粧易衣，告人曰：「向正約今日，而肩輿果來，我即去。」才舉步，奄然而隕。（頁 659）

可謂淋漓盡緻地道出妾失寵後的孤寂絕望之感。

較諸上述為佳的歸宿是主人能夠事先妥為安排，如《夷堅志補》卷二十五，「韓蘄王」條載韓世忠病篤時以三事未了，心中難安，其一為：

> 侍妾頗多，未辦分付，欲令有父母歸之，無者嫁之。（頁 1780～1781）

因此妾若得有心人的事先安排，便不致輾轉流離，不知所終。所以《墨莊漫錄》載秦觀事為例：

> 秦少游侍兒朝華，姓邊氏，京師人也。元祐癸酉歲納之。（中略）後三年，少游欲修真斷世緣，遂遣朝華歸父母家，資以金帛而嫁之。
> 〔註89〕

算是對侍妾的一種較合人道的安排了。

三、妾的財產權

在「雇女子書式」中，並無妾隨嫁物品的記載，可見在買賣制下，純係一種人身與金錢的交易，妾是不必有粧奩的，因此妾並沒有可以自由支配的資財。而且在法律上，「妾並非奴婢之主」，已非奴婢之主，就更不可能擁有夫財了。《宋史》卷三一二〈王珪傳〉載：

> （王）罕，字師言，知潭州，有狂婦訴數事，出言無章，卻之則勃

〔註89〕張邦基，墨莊漫錄（叢書集成新編本八十六）卷三，頁29。

罵，前守每叱逐之。罕獨引至前，委曲徐問，久稍可曉。乃本爲人
妻，無子，夫死；妾有子，遂逐婦而據家資，屢訴不得，直因憤恚
發狂。罕爲治妾而反其資，婦良癒，郡人傳爲神明。（頁 10245）

可見妾雖有子，但嫡妻既在，財產自應由妻承有，妾是不能干預侵佔的。

但仍有一些例外的情形，如《後村大全集》卷一四一〈杜杲神道碑〉
載：

（杲）知六安縣。（中略）民有嬖其妾者，治命與二子均分，二子謂
妾無分法，公書其牘云：「傳曰：子從父令。律曰：違父教令。是父
之言爲令也，父令子違，不可以訓。然妾守志則可常享，或去或終，
當歸二子。」〔註 90〕

則是因爲父親有遺囑，基於子從父令的原則，妾方得與諸子一起分財。又《清
尊錄》中載高疎寮預留遺囑，交代遺留給侍妾銀花之金錢的來龍去脈，令其
有所憑據，以免日後兒孫有對其不利之詞訟〔註 91〕，可謂是深謀遠慮，而又
用心良苦。

可見在財產權方面，除非是主人預爲籌劃，否則依法、依民俗，皆不承
認妾有分家財之權。而若是以強力取得，因係出人情、法意之外，則又另當
別論了。

綜觀妾在家庭中的地位，無疑是相當卑下的，她既沒有人身之自主權，
生命安全也得不到有效的保障，大抵如萍萍飄萍，一旦消失，也不會有人加
以聞問。唯一改變其卑微地位的方法是生個兒子，而且必須是好兒子；或者
等主母死了，好柄家政，但這兩者都須經一段漫長路程，一天天熬過來，中間
變化萬千，是難以規劃又不能預期的。其最好的歸宿是主人未雨綢繆，或是
爲她再擇個好人嫁了，或是預立遺囑將遺產給她一部分，使其後半生有所倚
靠。總之，她對自己的身份、地位、生命、自由、財產是被動多於主動的。

第四節　母親的地位

在宋人的著述中，母親的地位是崇高而偉大的，幾無人對三從之義中旳

〔註90〕劉克莊，《後村大全集》（四部叢利初編本）卷一四一〈杜尚書杲神道碑〉。另
　　　　《宋史》卷四一一〈杜杲傳〉所載略同於此。
〔註91〕《古今圖書集成·家範典》卷九十七〈媵妾部·紀事二〉，引《清尊錄》，頁
　　　　1018。

「夫死從子」加以闡揚，反之，孝道的觀念對人們的行為有著強力的引導性。本節擬自：一、母教，二、孝行及獎勵，三、不孝的懲罰，來探討宋人心目中母親的地位。

一、母　教

今人喜謂「每個成功的男人背後都有一個女人」，以此來看宋代諸士的母親，可證所言不虛，她們或嚴毅，或達理，或廉潔、或慈惠，對家庭教育都有相當大的影響力，茲舉例以明之：

其一訓子為人中翹楚：如《默記》載：楊察之母親自課子，稍不符合要求即鞭打孩子，察以第二名及第，楊母怒說：「此兒辱我如此，乃為人所壓。若二郎及第，待不教人壓卻。」直到察回家，也氣得不與他說話，其後楊寘果然不違母命而奪魁（頁 2）。又《涑水紀聞》卷七載寇準「少時不修小節，頗愛飛鷹走狗，太夫人性嚴，嘗不勝怒，舉秤錘投之，中足流血，由是折節從學。」（頁3）都是嚴母訓子，使用心向學之例。

其二訓子處事嚴謹：如呂希哲的母親教其事事循規蹈矩，長輩不命之坐，不敢坐；不聽惡言，不聞惡聲；「不正之書，非禮之色，未嘗一接于目」，終使呂希哲日後以德器而聞天下。〔註92〕

其三教子以廉：蘇軾，《東坡志林》卷三，記母不許挖掘先人遺留下來的寶藏，後來東坡又遇到一個挖寶的機會，一時忘了母訓，躍躍欲試，經妻子提醒「使吾先姑在，必不發也」，遂「愧而止」（頁 4）。則是廉潔之母教子不貪財之例。

其四教子以達：在古代科舉制度之下，讀書便是要應舉，否則一輩子沒有出路，而為人母者也多希望母以子貴，對兒子的宦途一向很重視，如前述楊察之母即為一例。但仍有生性豁達的女性，對此並不重視，如《宋史》卷四二八〈尹焞傳〉載尹焞應舉，因題目中有「誅元祐諸臣議」，覺得不願食此不仁之祿，不答而出，回家稟明其母，其母很達觀的說：「吾知汝以善養，不知汝以祿養。」於是尹焞終身不就舉。尹焞正是因為有母親的支持，所以才能不為其所不願為之事。換句話說，他早已濡染於母親的身教言教之中，故能當機立斷，不為流俗所襲。又仇遠，《稗史》載：

〔註92〕《古今圖書集成・家範典》卷三十五〈母子部・紀事五・引小學外篇〉，頁352。

> 淳祐初元，浙漕王塈子文遭論罷官，以母夫人年高，託言外除以悅
> 母意，母曰：「我已知之，汝父昔以諫諍忤時相去國，今汝又如此，
> 吾方以爲喜，復何憂？」（說郛卷二十一）

也是因爲有個賢達之母，而使自己更能爲心安理得之事的好例子。

其四教子以忠：宦海浮沈，能不隨波逐流者少之又少，而能不畏強權的更屬難得，《宋史》卷三四五〈劉安世傳〉載：安世被任命爲諫官，以爲居此官職要「明目張膽以身任責，脫有觸忤，禍譴立至」。欲以母老辭官，其母卻告訴他說：

> 吾聞諫官爲天子諍臣，汝父平生欲爲之而弗得，汝幸居此地，當捐
> 身以報國恩，正得罪流放，無問遠近，吾當從汝所之。

可說是對兒子能盡忠國事、盡忠職守的最佳鼓勵。又卷三四五，〈鄒浩傳〉亦類劉安世事，兩位母親均能以堅毅的個性，使孩子們在官場上能勇於任事，無後顧之憂，都是母教的良好典型。

其五教子不慕富貴：羅大經，《鶴林玉露·人集》載楊萬里妻羅氏，年七十餘，「每寒月黎明即起，詣廚躬身作粥一釜，遍享奴婢，然後使之服役」；又八十餘歲仍「於郡圃種苧，躬紡緝以爲衣」；不願積財，「平居首飾止於銀，衣止於紬絹」；且不願飢人之子以哺己子，「四子三女悉自乳」。而其子長孺死時，衣衾棺槨尚須得自他人之餽贈。一生清介，其來有自。（《宋元人說部叢書本》，頁8）

以上五種母教的典型，對其孩子均造成相當大的影響力，也可見母親之訓誡的權威性不下於父親。

二、孝行及獎勵

在宋人的記述之中，頗有些驚天地、泣鬼神的孝行，如陳思道在母病之時，「衣不解帶者數月，雙目瘡爛，欲食隨母多少。洎母喪，水漿不入口七日，既葬結廬墓側，日夜悲慟。咸平元年，知運上其事，詔賜束帛旌其門。」（《宋史》卷四五六〈陳思道傳〉）又如陳宗割股作爲醫治母疾之藥餌，洎其母亡，亦一慟而絕，官方以其能爲人所難爲之事，榜其墓爲孝子墓。（《宋史》卷四五六〈陳宗傳〉）。至於因母病而祈天刺血，欲損己壽而益母壽等等，更是書不勝書。〔註93〕

〔註93〕《宋史》卷四五六〈顧忻傳〉；卷四〇四〈柳約傳〉；卷三三三〈李載傳〉；卷

　　事實上，在宋人的觀念裡，所謂孝，並不一定要毀肢壞體以獻父母，一般人所重者仍在秉持孝思，給予父母謹慎細製緻而不懈怠之供養。如《夷堅支癸志》卷四，「畫眉山土地」條載：侯官縣民楊文昌，做生意樸實厚道，稍積餘錢便專門用來奉養母親，閭井之人咸推重之，竟以此而當上畫眉山土地公（頁1249）。《夷堅三辛志》卷五，「觀音救溺」條更載：徐熙搭船歸省母親，途遇暴風雨，熙一心只念萬一遭到不測，老母將無人侍奉，乃呼菩薩，竟得一巨木，一舟之人賴以全活（頁1418）。《夷堅丁志》卷十五，「吳二孝感」，條載：臨川水東小民吳二，得五通神相告，將被雷擊死，恐其母受到驚嚇，自往郊野坐以待罰，竟因此孝感而得免（頁667）。以上諸事雖近乎荒誕，但由這些傳說，可得知宋人認為，孝心是存乎至誠，常以父母為念，不貽親憂〔註94〕，若得長此以往，一樣會得到神明的嘉許。這種宣揚，對於孝道的實踐實有莫大的鼓舞作用。

　　「子欲養而親不在」是人倫上之大不幸，因此在《宋史》中，有復母仇而被赦者〔註95〕；有萬里尋母三十餘年者〔註96〕；而母歿之後，倚廬而居，侍之如親在時一樣〔註97〕，則為孝道之全始全終的表現。而一般人對於孝子也總是禮遇三分，除前述政府對孝子的旌表外，即連匪寇亦尊之敬之，不敢加害〔註98〕，在在都表現出時人對孝的重視。

三、不孝的懲罰

　　因為宋人對孝道的重視，故不孝便是大罪，關於不孝的項目與懲罰，律

二六二〈邊光範傳〉均有感人之孝行的記載。

〔註94〕《宋史》卷三七九〈章誼傳〉載：誼受命使金，因金為敵國，恐母憂慮，乃「戒其家人勿使母知，將行，告母曰：『是行不數月即歸，大似往年太學謁告時爾。』及還，母竟不知其使金。」即為不貽母憂的好例子。

〔註95〕《宋史》卷四五六〈李璘傳〉載：京兆鄠縣民甄婆兒之母與同里人董知政忿競，被董所殺，甄年方十餘歲，為復母仇，持斧斫殺董知政，太宗嘉其能復母仇，特貸其死。

〔註96〕《宋史》卷四五六〈趙伯深傳〉載：伯深於宣和中，因逃離而與母失散，伯深尋母三十餘年，終於在蜀境訪得其母。

〔註97〕《宋史》卷四三二〈周堯卿傳〉載：堯卿在母喪之後，「倚廬三年，席薪枕塊，雖疾病，不飲酒食肉，即葬，慈烏百數銜土集隴上，人以為孝感所致。」

〔註98〕《宋史》卷三八一〈洪擬傳〉載：擬挾母避亂賊，見賊逼至，擬曰：『死無所避，願勿驚老母。』賊舍之，他賊又至，臨以刃，擬指其母曰：『此吾母也，幸勿怖之。』賊又舍去。」又卷二七二〈曹光實傳〉載：光實負母避賊，賊眾辟易不敢近。

有明文，而在民間的傳聞上，也會因罪行輕重而招致不等的處罰，茲分述之：

其一詈罵：詈罵父母乃屬悖逆不敬的行為，雖罪不至死，但活罪難逃，如《夷堅支丁志》卷四，「許成悖母」條載：

> 金溪民許成為農，自田所歸舍，從母索飯。母告之曰：「飯在釜中，可自去取吃。」及至楪下，視釜則空無所有，怒而罵曰：「爾不害瞎，妄語如此。」即出外折薪，一枝忽躍而上，徑入眼，貫一睛而出。（中略）今為孫鼎臣擔僕，自狀其過而悔無及矣。（頁997）

又《夷堅志補》卷一，「陳婆家狗」條載：陳婆家的狗作人語道：「我（中略）乃市上茶店小五郎者也。不合生前時時毀罵親母作老狗，以此受罰，墮畜生道。」（頁1557）因此在民間的傳說中，罵母親應得以眼還眼的處罰，且要給世人做一個活見證，以資警惕。

其二毆打：毆打母親之罪更甚於詈罵，且已喪失繼續生存的資格。如《夷堅乙志》卷七，「杜三不孝」條載：杜三以賣蚊藥為生，每酗酒便辱罵毆打母親，「一日，大醉歸，復毆母。俄忽忽如狂，取所合蚊藥內砒霜硫黃掬服之，走入市，從其徒求水飲。市人以為醉，不知藥毒已發矣，頃刻而死」（頁242）。即是毆打母親遭受處罰之例。

其三謀殺：謀殺親母之罪是為罪不容誅，已非普通刑罰可以處分，如《睽車志》卷二載：一村夫因事私恨其母，欲藉與母一起訪親之際，趁機行兇，卻被雷擊斃於道旁（頁13）。又《夷堅丁志》卷十二也載：陳十四設謀使瞎母與人爭鬥，致母顛仆而死，「縣執陳繫獄，未及正刑而斃」（頁638），則是不准不孝子多活一刻。

其四不養及遺棄：大孝要能養，若不養而遺棄親母，則天地難容，潛說友，《咸淳臨安志》卷九十二載：

> 乾道三年秋，臨安大雷震，軍器所作坊兵龍澤夫婦，并小兒曰郭僧，凡三人，震死於一室。初澤父全既死，澤妹鐵師居白龜池為娼，其母但處女家，遇子受俸米，則來取三斗去，澤夫婦頗厭其至，屢出惡言，郭僧者亦相與罵侮，以乞婆目之，故獲此譴。（《宋元地方志叢書》本，頁11～12）

是不養親之罰。又《夷堅支甲志》卷九，「梁小二」條載：梁小二攜母、妻及子避荒，因嫌母分子之食，半途以泥塞其母之口而去，卒遭雷擊之報（頁784）。

又《夷堅志補》卷一，「褚大震死」條更載：褚大坐視母親溺水而不救，亦爲雷神擊死（頁 1556）。都是不願奉養母親而惡意遺棄的懲罰。此外，養生尙需送死，才算得上完成最起碼的孝行，若不盡心，一樣要受到懲罰，如《夷堅甲志》卷八，「不孝震死」條載：王三十之父母「自買香木棺二具，以備死。王易以信州之杉，已而又貨之，別易株板。及母死，則又欲留株板自用，但市松棺殮母，旣葬旬日，爲雷擊死」（頁 71）。即是輕忽送死之報。這些都可以和法律上對不孝的嚴懲作參證。

正如其他的德性一般，有人對孝道虔意奉行者，也有輕忽怠慢、悖逆不道者，但基本上可以肯定的一點是，宋人對於聽從母教，盡心竭力奉養母親這件事，是極其重視的，因此母教要受到顯揚，孝行要得到獎勵，至於不孝更要遭到嚴厲的懲罰，而母親的地位便是築基於孝道觀念之上。

第四章　守節與再嫁

　　前輩學者研究中國古代的婦女生活，都會特別注意到貞節與再嫁的問題，並以之作爲比較婦女地位的高或低的指標。愚見以爲女子之守節與否，不能作爲判斷婦女地位的唯一指標，但能以此觀察她是否有自由的意志力，能不能當自己的主人。何以不能光用守節與否來判斷婦女地位呢？因爲守節婦女仍然要站在自己的崗位上，執行自己的義務與享受符合自己身分的權利，對於她在家族中原來所扮演的角色與地位，並不會發生本質上的改變。而再嫁也只是一種脫離甲族而加入乙族的過程，只要社會的根本結構沒有改變，她並不能脫離禮法而獨行其是。但貞節與再嫁的問題仍然有探討的必要，一來藉此以明當時人的觀念，二來可判斷婦女能不能有自主權，三則可看出社會實態上對貞女節婦及再嫁婦女的態度。

第一節　守節的觀念與實態

　　本節論守節，僅作常態性的觀察，即只以日常生活作討論範圍，如因時窮失節，或抵禦強暴等特殊情況，暫不討論，以避免產生混淆或錯覺。

　　至於判斷的方法，則是以婦女對守節與否有沒有自主權爲判斷依據，避免陷入守節便是貶抑女權，而不守節便是檯高女權的情緒判斷。

　　文分三段：一、男女兩性對守節的態度，討論宋人對守節所講求的重點與實況；二、女性的守志，討論有沒有被強迫的情形發生；三、守節的要件，討論有沒有能使婦女完成守節的助力。

一、男女兩性對守節的態度

宋代知識份子對守節的看法不一,有主張於配偶死亡後,就不應再婚者〔註1〕;有只要求女人應為丈夫守志者〔註2〕;有順人情之需要,贊成配偶死亡後,可再婚者〔註3〕。但當時並未擬出任何一套可使人們奉行的規範或制度,況且婦女本身直接針對這個問題而發表議論的,並不多見〔註4〕,因此在廣大的人群裡,這些理論究竟發生多少影響力,實難以作確實的估計。但我們仍可自筆記、小說或傳記中,尋出社會生活狀況的線索,本節即將以此作為分析的依據。

在《夷堅志》中有多則夫妻雙方要求對方守節的故事,如《夷堅志補》卷二十四,「龍陽王丞」條載一吏因小過被龍陽王丞鞭箠至死。文曰:

> 小吏臨絕,語其妻曰:「我抱冤以死,汝宜告于官,不可受賂,使我

〔註1〕 程頤,《河南程氏遺書》(四部備要子部,據江寧刻本校刻,台北:中華書局。)卷二十二下,伊川先生語:「問:『孀婦於理似不可取,如何?』曰:『然。凡取,以配身也。若取失節者以配身,是己失節也。』又問:『或有孤孀貧窮無託者,可再嫁否?』曰:『只是後世怕寒餓死,故有是說。然餓死事極小,失節事極大。』」是主張孀婦應守志,不可再嫁。又同卷又曰:「大夫以上無再娶禮。凡人為夫婦時,豈有一人先死,一人再娶,一人再嫁之約?只約終身夫婦也。但自大夫以下,有不得已再娶者,蓋緣奉公姑,或主內事爾。如大夫以上,至諸侯天子,自有嬪妃可以供祀禮,所以不許再娶也。」則是主張男性只有在沒人奉父母,掌祭祀的情況下,才可以再娶,因此同書卷第二十四又謂:「婚禮執鴈者,取其不再偶爾。」正是以上諸說的結論。

〔註2〕 宋,王楙在,《野客叢書》(稗海本)卷十一,「蔡邕女賢」條中,評蔡文姬初為董祀妻,繼為胡人婦,是「不能死節」,不應目為烈女(頁12~13)。可見其主張為烈女不應事二夫。又《清明集》卷七〈戶婚門·立繼類〉,「雙立母命之子與同宗子」條中,署名「通城宰書」者判稱:「照得天地設位,聖人則之,制禮立法,婦人從夫,亦猶臣之事君也。貞女不從二夫,忠臣不事二君,信天地之宏義,人倫之大節也。」(頁217~218)亦同王楙之說相類,主張妻子以夫為君、為天,不應事二夫的片面貞操觀。

〔註3〕 《袁氏世範》卷上〈睦親篇〉曰:「寡婦再嫁,或有孤女年未及嫁,如內外親姻有高義者,寧若與之議親,使鞠養於舅姑之家,俟其長而成親。(中略)中年以後喪妻,乃人之大不幸,幼子幼女無與之撫存,飲食衣服凡閨門之事無與之料理,則難於不娶。」(頁22)則是對鰥寡之人作建設性的建議,可見袁氏並不反對再婚。

〔註4〕 《宋史》卷四六○〈列女傳〉中,有幾則婦女遇賊寇,在面對威脅之下的言論,如記「曹氏女」曰:「盜馬進掠臨淮縣,王宣要其妻曹氏避之,曹曰:『我聞婦人死不出閨房。』」(頁13482)。又記謝枋得妻李氏遇難後,李說:「吾豈可嫁二夫耶!」(頁13489)皆是以守節自許的議論。但在一般生活狀況下,甚少有直接議論。

無所想。如我冤未白，汝勿得嫁，嫁則殺汝。」妻泣應曰：「諾。」
既乃受丞錢百千，置不理，未幾改嫁。成婚之夕，筳上果皆騰起尺
餘，不傾倒，不一月，妻無疾而死。（頁 1768）。

是要求妻應先報夫仇，才許改嫁。又《夷堅丁志》卷十五，「汪澄憑語」條載
汪澄死後責備其妻曰：

吾死能幾時，汝已萌改適他人意。二子皆十許歲，家貲殊不薄，豈
不能守以終喪？（頁 662）。

則是要求妻子服喪期滿，方許改嫁。以上二則都是丈夫以妻子對義務的履行
為要求前提，而「汪澄憑語」中又特以為在家貲富贍的情形下，更應恪盡義
務，都不算是不合理的要求。但也有單方面的要求妻子守志的例子，如《夷
堅支甲志》卷四，「鄧如川」條載：鄧增亡，妻趙氏因家貧難守，服除即攜子
改嫁，先後再適二夫，卻都被鄧增鬼魂所破壞。再如《甲志》卷二，「陸氏負
約」條載：鄭某於生前要求妻子陸氏彼此為對方守節，陸氏雖未直接應允，
而鄭某則執著於前約，於陸氏攜資別子再嫁後，責其「義不足以為人之婦，
慈不足以為人之母。吾已訴諸上蒼，行理對于幽府」，陸氏因此而亡（頁 15）。
在這二則中，完全是丈夫對妻子的要求，如鄭某列出冠冕堂皇的理由來要求
妻子遵守，是為一種片面的不合理要求。

　　另一方面，也有妻子對丈夫作不再娶的要求，如《夷堅丁志》卷十八，「袁
從政」條載：袁從政娶新寡之婦陳氏，因夫妻相歡，有「一死則生者不得嫁
娶」之約，未幾陳亡，袁更娶涂氏女，終為故妻所逼，跳井而亡（頁 689）。
又《夷堅志三補》，「夢前妻相責」條載：金伯虎妻亡未葬，即娶王氏為繼室，
因故妻不能容而病死（頁 1807）。再如《甲志》的「鄭畯妻」及《丁志》的「太
原意娘」都是妻子不容許丈夫再娶的故事。在這些故事中，都是夫妻歡洽，
並沒有人是被棄而含恨以終，因而她們也對丈夫作不再婚的要求，其因素實
耐人尋味。此外，宋人對於負心的丈夫則相當痛恨，如《甲志》卷十三，「楊
大同」條載：楊大同拋棄原配而與娼妓結合，導致妻、女貧乏無法為生，俱
赴井死，其妻訴於天帝，楊遂暴卒（頁 111）。《丙志》卷四，「小溪縣令妻」
條載：小溪縣令棄妻別娶，其妻自刎而訴於天，縣令遭天譴而亡（頁 398）。《三
辛志》卷五，「汪季英不義」條載：汪季英嫌妻子陳氏陪嫁少，又嫌她生女兒，
於是棄家出遊。其妻病死後，汪亦得病而死。陳氏父母夢女來告說：「不義者
即投之憲綱，我已別議婚。」（頁 1422）《夷堅志三補》，「崔春娘」條載：張

臨與郡倡崔春娘於城隍廟，誓約爲夫婦，而臨卻棄盟別娶，春娘泣告於神，臨乃因此而亡（頁1801）。都是妻子將丈夫的罪行上訴於天庭，藉神明來懲罰丈夫的不義。

自上述的材料看來，宋人對於守節的講求是不分男女的，丈夫會要求妻子守志，而妻子也要求丈夫不再娶；其次他們相當注重彼此間責任與義務的履行，更不容背信忘義的行爲。但是這些道德性的規範，不見得徹底的被奉行，因此人們仍轉而將這些理想，寄託於象徵著公理與正義的「天」去處理，以求得心靈上的慰藉。

二、女性的守志

女性的守志可分作兩類，第一類是無子而守志，第二類是有子而守志。

先言無子而守。《宋史》卷四六〇〈列女傳〉載包繶妻崔氏，於包繶亡後，誓死守志，其母呂氏卻令崔氏再嫁，勸她道：「喪夫守子，子死孰守？」崔氏說：「昔之留也，非以子也，舅姑故也。今舅歿，姑老矣，將舍而去乎？」終不能移其初衷。開封民婦朱氏於丈夫犯法編管後，因父母令她改嫁，自經而死。陳公緒妻劉氏在紹興末戰亂中，來不及與夫、子一同南渡歸正，遂留北方，而音訊不通者二十餘年，有勸她改適的，卻不爲所動。而陳公緒也未再娶，二十五年後，才被兒子設法迎歸。又《摭青雜說》載：呂忠翊女於兵亂中與父失散，陷於建州賊范汝爲部眾之手，被范希周所救，遂結爲夫妻，迨韓世忠率兵攻建州，呂氏與夫相約，若得苟活，彼此均不再言婚嫁。城破日，夫妻相失，而呂氏適爲父親呂忠翊所救，忠翊欲令女改適，呂氏執意守約，最後夫妻終於團圓（頁2～4）。以上諸事的主人翁，都是和丈夫正式結爲夫妻後而決定守節，另外也有守望門寡者，《夢梁錄》卷十七載：

> 凌大淵妻劉氏，及笄許嫁，請期將至，而凌生告卒，劉氏聞之，告於父母曰：「兒聞女子以一志爲良，死生不易其節，兒已許凌，今既已喪，則吾夫也，兒當易服奔喪，誓鱗柏舟，不更二也。」父母以「女未嘗踐其庭，何遽若此？」女答以「身許人而背之乎？有死而已，決無易其志！」父母懼其言而從所請。（頁276）

上述諸例有一個共同的特點是：妻子決定爲夫守節，但父母多欲令其改嫁，最後不是以死抗拒，便是父母屈從於女兒的決心下，而許其守志。

次言守節教子者。《宋史》卷四二五〈楊文仲傳〉曰：

> 文仲字時發，七歲而孤，母胡年二十有八，守節自誓，教養諸子，
> 文仲既冠，以春秋貢，其母喜曰：「汝家至汝三世以是經收效矣！」

是守節教子有成的例子。又同書卷四六〇〈列女傳〉載：

> 謝泌妻侯氏，南豐人，始笄，家貧，事姑孝謹。（中略）後夫與姑俱
> 亡，子幼，父母欲更嫁之，侯曰：「兒以賤婦人，得歸隱居賢者之門
> 已幸矣，忍去而使謝氏無後乎？寧貧以養其子，雖餓死亦命也。」

則為家貧子幼，矢志撫孤，雖父母令再適，亦不動搖。

婦女守志，可能是受到社會教化，如女子教育中所習女訓諸書的影響。但也不可忽略一般人在處理這類事情的反應，尤其是父母令死了丈夫或是失去丈夫的女兒再嫁，適足以說明宋人並不諱言再嫁，而女子對其守志與否，是有相當的自主權的。此外宋人似乎特別讚揚丈夫的不再娶，如范希周言其自與妻子離別後，「不曾娶，只有母子二人，一箇爨妾而已」，呂監感其恩義，為之泣下。又如劉氏傳中也特別強調「公緒亦不他娶」。再如《孫公談圃》中載黃庭堅於妻子死後，「作發願文，絕嗜慾，不御酒肉」，議者疑其德性是天生夙成，非學而能〔註5〕。因此，在諸書中雖少見妻死、夫不再娶的記載，也就是守節之事仍以女性居多，但這種讚揚，多少也反映出當時人的一種千世共枕的期望。

三、守節的要件

婦女要守節，必須有些助力來相配合，其一是自主權的保障，法律上規定只有直系尊親長才有令寡女再嫁的資格，正如其於女兒的婚姻有主婚權般；這種限制是避免婦女被當成謀利工具貨賣，這是對婦女人身自主權的最起碼保護。

其次是經濟獨立。法律上原規定，寡婦要為夫服三年之喪後方許改嫁。但如果是貧乏不能自存，仍可以有所變通，如《夷堅志補》卷二，「鼎州兵妻」條所載：

> 紹興初，（中略）程平國待制守鼎州，（中略）營兵周祐妻，告夫死
> 無以自存，乞改嫁。程與之錢，使殮死者，而從其請。（頁1564）

即因貧，俟夫葬後即許改嫁之例。可見婦女要守志，經濟條件是一個非常重

〔註5〕宋，孫升，《孫公談圃》卷下，頁1133。

要的因素。《宋史》卷三〇四〈周渭傳〉載周渭爲盜所襲，脫身北走時，來不及和妻子莫荃訣別，竟而離散了二十六年。傳文稱：

> 二子孩幼，荃尚少，父母欲嫁之，荃泣誓曰：「渭非久困者，今違難遠適，必能自奮。」于是親蠶績、碓舂以給朝夕。二子皆畢婚娶，凡二十六年復見渭。

又《咸淳毘陵志》載：

> 史氏，義興蔣弘謹妻也，生子五歲而寡，時年二十有二，誓不嫁，誨子以學。孫堂仕顯，封慶國夫人。初居涌湖，窶甚，育鵝自給，朝縱去，暮揭旗於岸，則畢集焉。穎叔嘗賦詩云：凌風汎浪白於雲，野放湖中曉至昏，一舉招旗畢來集，至今人號養鵝墩。〔註6〕

都是婦女能夠自力更生之例。而《延祐四明志》載冀國夫人葉氏，於丈夫史簡亡後，不採納他人勸其改嫁的建議，「晝夜紡績，俾其子從師於學」，且「晚歲理生產日益裕，養孤女數人俾有歸」，諸孫皆貴盛〔註7〕，則不但能自給自足，兼能助人。

在政府方面，對守寡婦女也給予租稅上的特別優待，《慶元條法事類》卷四十八〈賦役令〉載：

> 諸女戶，寡居第參等以上，雖有男子（婿姪之類同）年拾伍以下，其租稅應支移者，免全戶之半，應科配者，降本戶壹等。第肆等以下聽免。（頁447）

即是因爲寡婦家無成丁可協助家計，所以特予優恤，減免租稅。

因此，在宋朝，並未見有獎勵婦女爲丈夫守節的條文，但是政府對於自願守志的婦女，在人身自由權及經濟上則給予相當範圍的維護和優恤，因婦女獨立營生較夫妻共營爲不易，故特採體恤性措施。

綜觀本節所述，宋人以夫妻雙方都能爲對方守節爲最高的理想，至少重信義與然諾爲其最起碼的要求。但是由上述事例看來，男性可借納妾而使之暫主內政，其守節應較易，但和女性守志的人數相比，其比率遠不及之。吾人不能否認此爲女子教育之重點所造成的一個結果，然而守或不守，唯由女性自主，除父母、祖父母外，他人不得干預，也就是說女性對於自己的再不再嫁有相當的自主權。

〔註6〕宋，史能之，《咸淳毗陵志》（宋元地方志叢書本）卷三十，頁8。

〔註7〕元，袁桷，《延祐四明志》，卷五，頁33。

第二節　再嫁的實況

　　本節擬探討以下三個問題：一、再嫁的普遍性；二、婚姻如何形成；三、政府與民間待再嫁婦的態度，即政府對之有沒有補助？再嫁婦的家庭地位如何等問題。

一、再嫁的普遍性

　　在宋代，再嫁可大別爲三種，其一是不滿現任丈夫，離婚再嫁：如《睽車志》所載李通州之女一旦發現自己所適之人竟是又老又醜，便不肯繼續逗留夫家而逕還娘家，「後竟仳離而改醮焉」（卷五，頁 3）。又如曹詠妻厲氏，原嫁四明曹秀才，因與之不相得，才改適曹詠。〔註8〕

　　其二是被出再嫁：最有名的例子即大詩人陸游與唐氏女的故事。唐氏因不得其姑的喜愛，雖然夫妻融洽，仍躲不過離婚被出之途，終於改適宗子趙士程。

　　其三是夫死再嫁：這是比率上最多的一種，正如《清明集》所論「再嫁之妻，將帶前夫之子，就育後夫多矣」〔註9〕，可見其已相當普遍。在北宋，范仲淹從其母適朱氏，且一度以朱爲姓。杜衍之父早卒，爲遺腹子，其母改適河陽錢氏，杜衍一度歸其母〔註10〕。而《夷堅志》及《清明集》中，夫死再嫁之例，更是俯拾皆是，甚至幽冥竟也有再嫁之事〔註11〕；而再嫁之後，仍撫養前姑者，亦不乏其例。〔註12〕

　　由此可見，在宋代再嫁絕非鮮事，甚至是一種風俗習慣，所以一般人都會在婦人死了丈夫之後，勸其改嫁。

〔註8〕　曹詠以秦檜姻婭，備極貴盛，亦以此而亡，俱見龐元英，《談藪》，頁 3～4。
〔註9〕　《清明集》卷七〈戶婚門・義子類〉，「義子包併親子財物」條，頁 242。
〔註10〕《涑水紀聞》卷十：「杜祁公衍，杭州人，父早卒，遺腹生公。（中略）其母改適河陽錢氏。祖父卒，公年十五六，其二兄（前母之子）以爲母私財以適人，就公索之，不得，引劍斫之，傷腦走投其姑姑，匿之重樑上，出血數升，僅而得免，乃詣河陽歸其母。繼父不之容，往來孟洛間，貧甚，傭書以自資。」頁 3。
〔註11〕《夷堅三志乙》卷三，「睢佑卿妻」條載：睢佑卿常思念亡妻，一月在往蒼山省親途中，遇到亡妻的鬼魂，彼此歡媟如平生，但「婦忽然慘言曰：『我已別嫁良人了，君不宜處此。』睢始大悟。」頁 1320。
〔註12〕《夷堅支丁志》，卷五，「黟縣道上婦人」條載：程發遇鬼婦，感疾而亡，其妻再嫁，而程母往依之。頁 1008。

二、婚姻的形成

　　婦女二度婚姻的形成有兩種方式，其一是完全自主，其次是由長輩主婚。

　　先言婚姻自主的狀況：《夷堅丙志》卷十四，「張五姑」條載：張宗淑原嫁董二十八秀才，董懦而無立，張以此常鬱鬱不滿。及靖康年間，董死於亂兵之中，張氏決意再嫁，卻夢故夫來責，張叱其夫曰：「我平生為汝累，今死矣，尚復繳繞我。使我再歸他人，何預汝事？」終於自擇夫而嫁。可謂既自主，又嫁得理直氣壯。在《夷堅志補》卷十一，「徐信妻」一條中所記則是相當巧合的故事，文載徐信與某生俱因避金兵之亂而與妻子離散。離亂中，徐信逢某生妻，而某生則逢徐妻，且兩兩成婚，但兩家卻又在偶然中相逢，終於又各復其舊，通家往來如婚姻。又《齊東野語》載賈似道之母三嫁之事道：

> 賈涉濟川以制置少日舟過龜溪，見婦人浣衣者，偶盼之，因至其家問夫何在？曰：「未歸。」語稍洽，謂之曰：「肯相從乎？」欣然惟命，及夫還，扣之亦無難色，遂攜以歸，既而生似道，未幾去，嫁為民妻，似道稍長，始奉以歸。〔註13〕

可見再嫁在當時，頗能被一般人所接受且極其自然。可見在宋代，女子如果再婚是可以不必經由尊長主婚而完全由自己做主。

　　次言長輩主婚之再嫁狀況：在長輩主婚方面，有婆婆為寡媳擇夫的，如《雞肋編》載一婦人之夫與同里之人合夥行商，里人因覦覬婦人美色，遂謀殺其夫，卻以備極禮義的行為博得婦姑的好感，文稱：

> 若是者累年，婦以姑老亦不忍去，皆感里人之恩，人亦喜其義也。姑以婦尚少，里人未娶，視之猶子，故以婦嫁之，夫婦尤歡睦，後有兒女數人。〔註14〕

又《夷堅志補》卷一，「都昌吳孝婦」條載：

> 都昌婦吳氏，為王乙妻，無子寡居，而事姑盡孝。姑老且病目，憐吳孤貧，欲為招婿接腳，因以為義兒。（頁1554）

前者是婆婆令寡媳再嫁，後者則婆婆欲為寡媳招「接腳夫」，要之，均以婆婆為主婚人是無疑問的。

　　又有父母為寡女主婚的，如《清平山堂話本》，「刎頸鴛鴦會」載某婦於

〔註13〕《齊東野語》卷十五，頁4～5。
〔註14〕《雞肋編》卷下，頁75。

丈夫死後，不奈空閨寂寞，因與外人有染而被出，文載：

> 婦抵家，父母只得收留，那有好氣待他，如同使婢，婦亦甘心忍受。
>
> 一日，張二官過門，因見本婦，心甚悅之，俾人說合，求為繼室。
>
> 女父母允諾，恨不推將出去。〔註15〕

這是父母擔心女兒年少守寡，難以持久，恐其做出悖禮之事，而使其再嫁之例。〔註16〕

再有兄長嫁妹之例，《宋史》卷三五六〈任諒傳〉載：任諒九歲而孤，其舅舅欲令其母再嫁，因為任諒的懇求而止。可見只要婦女自願，其再嫁主婚人也可由兄長擔任。

總之，再嫁在宋代幾乎是習以為常之事，其自主者固由婦女依己意而擇夫再嫁，其由長輩主婚者，也多半在婦女的首肯下玉成，自主成分也是相當高的。

三、政府與民間待再嫁婦的態度

在政府方面，宋朝曾有資助孀婦再嫁的規定，《景定建康志》卷十四載：

> （理宗）寶祐四年（1256）四月二十二日，始立則例，支給錢絹酒米，以助諸軍之婚嫁者，女年十四以上，及寡婦之無依者，皆為擇姻議嫁。

另卷三十九又載：

> 諸軍婚嫁：大使馬公光祖先來開閫，嘗行下諸軍，應有女年十四歲以上，及孀婦無依願再嫁者，許就諸軍擇年紀相當之人議親，每一名支十八界、二十貫、米一石、絹一疋、酒四瓶，至是復照舊例行之。〔註17〕

所謂「復照舊例行之」，可見在此之前，政府早已實施過這種補助，理宗時代只是重新加強辦理而已。又《慶元條法事類》卷十二〈戶婚敕〉載：

> 諸母被出，若改嫁，非曾受後夫子封贈者，聽封贈。（頁176）〔註18〕

自以上諸規定中，可看出政府對於再嫁婦女，絲毫不存有任何輕視的態度，

〔註15〕《清平山堂話本》，「刎劉鴛鴦會」，頁255。

〔註16〕另《夷堅丙志》卷三，「費道樞」條所載亦與此類，頁384。

〔註17〕宋，周應合，《景定建康志》（宋元地方志叢書本），卷十四，頁43。另《至正金陵新志》，頁109，所載亦與此同。

〔註18〕同前書，卷三十九，頁17。

不但不輕視，且又資助之，俾使人人有所歸，所謂「男有分，女有歸」的理想，於此展露無遺。

次言再嫁婦於家庭中的地位：先自夫妻關係來看，筆記中有不少夫婦歡洽的記載，如《畫墁錄》載志平狀元彭汝礪娶寡婦宋氏事，文載：

> 宋氏有姿色，彭委順不暇。（中略）紹聖中，彭典九江，將逝，命索筆，人以為必有偈頌，乃曰：「宿世冤家，五年夫婦，從今而往，不打這鼓。」投筆而逝。〔註19〕

可謂是對短暫而和諧之夫婦關係的詠嘆。再如陸游前妻唐氏於改嫁趙士程之後，曾以春日出遊，與陸遊「相遇於禹跡寺南之沈氏園」，唐氏在徵得趙士程的同意後，「遣致酒肴」，與陸游一敘別情，而「釵頭鳳」遂傳頌千載〔註20〕。由唐氏能與前夫陸游作私人性的會晤看來，無疑的，趙士程對她並無所謂「防閑」的心態，其於行動間能取得丈夫的信任，可見她的再醮身分對其應有的家庭地位並無影響。〔註21〕

再自前夫之子待再嫁母的態度來看，范仲淹、賈逵、彭瑜、朱壽昌等人的母親，不是夫死再嫁，便是被出再嫁，但都是在兒子年長有成之後，被迎回去奉養〔註22〕。又郭積及王博文的母親也都是夫死再嫁，兩人身為命官，都在母亡之後申請為母服喪〔註23〕。以上諸人均算得上是達官顯要，其一舉一動往往備受囑目，而皆不以母親再嫁為恥，反而大張旗鼓的迎母歸養，或是為母服喪，可知再嫁在當時並不是所謂見不得人的事。

綜合本章所論，宋人所講求的貞節，特重於守信與義務的完成，而以夫妻雙方都能為對方守節為最高理想。但是他們也不忽略人情上的需要，男子之再婚固有奉侍雙親及主持祭祀的理由，女子的再嫁也是理所當然之事，既不會受非難，也不會遭人輕視。而不管是守志或再嫁，當事人均擁有相當高的自主權，很少有人能強迫她們，且政府也儘量針對婦女本身的意願或需要予以幫助，至於一般人更是平心待之了。

〔註19〕 宋，張舜民，《畫墁錄》（稗海本）卷一，頁35。

〔註20〕 《齊東野語》卷一，頁11～12。

〔註21〕 除上述二例外，《夷堅丁志》卷十八，「袁從政」條；《支丁志》卷九，「鹽城周氏女」條；《三辛志》卷十，「王節妻裴」條，皆為再嫁婦而夫妻相得的例子。

〔註22〕 《宋史》卷三十四〈范仲淹傳〉；卷三四九，〈賈逵傳〉；卷四五六，〈彭瑜傳〉、〈朱壽昌傳〉。

〔註23〕 《宋史》卷三〇一〈郭積傳〉；卷二九一，〈王博文傳〉。

第五章　民婦之職業與生計

　　在《東京夢華錄》、《都域紀勝》、《夢梁錄》諸書中，所描寫的市民生活均相當的活躍，宗教、娛樂方面固不乏婦女之參與，而商業之繁盛、市場之熱絡，也未見將女性排斥於外〔註1〕。而在農業方面，所謂「夫耕婦蠶」，婦女也一直是重要的勞動力來源〔註2〕。因此對廣大的中下階層婦女而言，其平日除親操井臼外，還要協助家庭的生計，這是可以想見的〔註3〕。本章即擬在這方面作一論述，茲參酌全漢昇先生的分法，別爲實業、雜役、遊藝及其他

〔註1〕　在宗教活動方面，《夢梁錄》卷十九，「社會」條載：「太平興國傳法寺，向者建淨業會，每月十七日集善男信人，十八日集善女信人，入寺誦經，設齋聽法，年終以所收齋金，建藥師道場七晝夜，以終其會。」（頁300）在娛樂方面，《東京夢華錄》卷二，「潘樓東街巷」條載：「（東十字大街）又投東則舊曹門街，北山子茶坊，内有仙洞仙橋，仕女往往夜遊喫於彼。」（頁70）又《夢梁錄》卷二，「八日祠山聖誕」條載：「大抵杭州勝景，全在西湖，（中略）至如貧者，亦解質借兑，帶妻挾子，竟日嬉遊，不醉不歸。」（頁144～145）而商業活動方面，據都城紀勝，「市井」條載：「自大内和寧門外，新路南北，早間珠玉珍異及花果時新、海鮮、野味、奇器，天下所無者，悉集於此。」（頁91）因此「杭州大街，買賣晝夜不絕。」（《夢梁錄》卷十三，「夜市」條，頁242）而婦女之側身其間販賣者，則有「宋五嫂魚羹、陳媽媽泥面具、風藥舖」等。（同前引「舖席」條，頁240）

〔註2〕　《清明集》卷九〈戶婚門‧取贖類〉，「典主遷延入務」條云：「貧民下戶，尺地寸土皆是汗血之所致，一旦典賣與人，其一家長幼痛心疾首，不言可知。日夜夫耕婦蠶，一勺之粟不敢以自飽，一縷之絲不敢以爲衣，忍餓受寒，銖積寸累以爲取贖故業之計。」（頁217）可見婦女是農家勞動力的重要成員。

〔註3〕　《袁氏世範》卷上〈睦親篇〉說：「婦人有以其夫蠢懦而能自理家務，計算錢穀出入，人不能欺者。有夫不肖而能與其子同理家務，不致破蕩家產者。有夫死子幼而能教養其子，敦睦内外姻親，料理家務至於興隆者，皆賢婦人也。」（頁23）可謂道盡婦女所具有的營生能力。

等四節以明之。

第一節　實業類

一、農　業

在耕種方面，自插秧，灌溉到收成，均有婦女的參與，《夷堅志》載：

> 鄱陽城下東塔寺，與城北芝山禪院，皆有田在崇德鄉。疇壤相接，耕農散居。慶元三年五月一日，農人男女盡詣田插秧。（《支癸志》卷九，「東塔寺莊風災」條，頁1289）

> 黃州黃陂縣太公村民李氏，（中略）初夏之日，其家男婦女子皆出蒔稻。（三志壬卷六，「黃陂紅衣婦」條，頁1509）

> 萬春鄉農民朱七，乾道辛卯旱歲，同妻往近村城子塘引水灌田。（《三辛志》卷七，「城子塘水獸」條，頁1436）

> 忠翊郎刁端禮，（中略）經嚴州淳安道上，晚泊旅邸，日未暮，乃縱步村徑二三里，入一村舍少憩，見主家夫婦舂穀。（《支景志》卷五，「淳安潘翁」條，頁917）

> 健康豐民王一，以慶元三年四月往近郊種禾，其妻持午飯餉之。（《三辛志》卷六，「王一妻」條，頁1427）

由此可見農家婦女在農事方面，所擔當的角色無異於男子，甚至她們還要供應一家大小的伙食，其辛勞忙碌可以想見。

其次是養蠶，《支丁志》卷七，「餘干譚家蠶」條載：

> 餘干潤陂民譚曾二家，每歲育蠶百箔。紹熙元年四月，其妻夜起餵葉。（頁1023）

此外又有蔬菜類的種植，有蘿蔔、筍等，如《丙志》卷四，「麻姑洞婦人」條載：

> 青城山相去三十里有麻姑洞，（中略）丈人觀寇子隆獨往瞻謁，至中途，遇村婦數輩自山中擔蘿蔔而出，弛擔牽裳，就道上清泉跣足洗菜。（頁391）

又《支戊》卷一，「師姑山虎」條載：

> 紹熙四年春，古田縣師姑山有村婦采筍，為搏去。（頁1056）

而除了種植之外，她們也可能作些買賣，《孫公談圃》卷下載：

儂智高及時，官軍屢敗，孫沔、余靖軍行不整，所過殘掠，狄青爲
帥，有婦人賣蔬於道。（續百川學海本，頁 1146）

以上農婦生活面面觀，或仍未能詳盡道出全貌，但勤奮而刻苦的生活，已是
歷歷如繪。

二、漁　業

《夷堅支戊志》卷九，「嘉州江中鏡」條中描寫漁家的生活道：

嘉州漁人王甲者，世世以捕魚爲業，家於江上，每日與其妻子棹小
舟，往來數里間，網罟所得，僅足以給食。（頁 1124）

又《聞見前錄》載：

廣東老嫗江邊得巨蚌，剖之得大珠，歸而藏之。（續百川學海本，頁
1448）

及《吳郡志》載：

咸平元年夏四月，昆山縣有漁婦李氏，張罾河上得一白龜如錢大，
其色玉瑩朱眸，（中略）婦愛之，因授兒爲戲，又恐爲所傷，放於河，
頃之，龜復在網。〔註4〕

可見或是河上泛舟往來垂釣網捕，或是河畔撿拾網撈，均爲漁婦日常生活情
態之一。

三、手工藝業

在手工藝業方面類別甚，有爲人磨鏡的，《夷堅丁志》卷二十，「陳磨鏡」
條載：

衡州陳道人以磨鏡爲業，中年忽盲，但日憑妻肩行於市。嘗到衡州，
覺有拊其背曰：「陳翁，明且出郭相尋，無失約。」（中略）至則一
道人，攜陳手行官道上，詣粉牆後附耳語，俄頃別去，不知所言何
事也。自是陳不復出，獨令妻自行磨鏡以取給，而閉戶端坐。（頁
707）

可見陳妻先是助夫磨鏡，後來反而以此獨立負起家計。又有理髮匠，《夷堅丁
志》卷十二，「成都鑷工」條又載：

政和初，成都有鑷工，出行塵間，妻獨居。一鬖髻道人來，求摘形

〔註4〕宋，范成大，《吳郡志》（宋元地方志叢書本）卷四十四，頁3。又《玉峰志》
　　　卷下，頁25，所載亦同。

毛，先與錢二百。妻謝曰：「工夫不多，只十金足矣。」曰：「但取之，爲我耐煩可也。」遂就坐。先剃其左，次及右。（頁287）

有洗衣婦，如《夷堅丁志》卷九，「張顏承節」條載一僕人因小故被主人張顏承殺死於舟中，臨終前對其妻子說：

宜懇白主公，乞許汝子母附舟入京，猶得從人浣渥以自給。（頁612）

可見其時有婦女專門以爲人洗衣爲業維生。

但諸項目中，似仍以爲人紡織、縫紉及刺繡最爲普遍，以刺繡言，如《東京夢華錄》卷三，「寺東門街巷」條載：

寺南（中略）繡巷皆師姑繡作居住。

而她們製作的物品非常多，且多公開販賣，同前引「相國寺內萬姓交易」條載：

（相國寺）兩廊諸寺師姑賣繡作，領抹、花朵、珠翠、領面、生色銷金花樣蟲頭、帽子、特髻、冠子、條線之類。

而即使是傷殘之人也能以此技藝謀生，《友會談叢》載：

一婦人，無雙臂，但用兩足刺繡鞋片，纖緻與巧手相若，服飾頗潔。〔註5〕

再看紡織與縫紉，《夷堅志補》卷四，「李姥告虎」條載：

婺州根溪李姥，年六十，有數子，相繼疫死。諸婦悉更嫁，但餘一孫，七八歲。姥爲人紡績，使兒守舍，至暮歸，裹飯哺之，相與爲命。（頁1580）

另《春渚紀聞》記述施嬭婆，年六十，爲沈氏婢，於主公主母亡後，當傭工，獨力撫育兩位小女主人。據載：

施即傭舂旁舍，或織草屨與縫紉之事，得錢以給二女，且教護之，至於長大。〔註6〕

但或許因爲這些工作所得均不多，有的婦女必須身兼數職，方足以支付生活上的需要，如前述之施嬭婆，及以下之「都昌吳孝婦」，因無子寡居，而上有婆婆，所以每天爲鄰里紡絹、澣濯、縫補、炊爨、掃除之役，日獲數十百錢，悉以付姑，爲薪米費（《夷堅志補》卷一，頁1555）。可說是只要能力所及者，

〔註5〕宋，上官融，《友會談叢》（叢書集成新編本八二），頁2655。
〔註6〕《春渚紀聞》（宋元人說部叢書本）卷四〈雜記〉，「施嬭婆」條，頁9。

都包辦了，其刻苦耐勞之精神，實爲多數中國婦女的寫照。

四、商　業

　　商業方面，與飲食類有關者，其一開茶肆：《夢梁錄》卷十六，「茶肆」條載：

> 中瓦內王媽媽家茶肆，名一窟鬼茶坊，（中略）皆士大夫期朋約友，
> 會聚之處。（頁262）

是由店主獨當一面的商店。又有由父親經營，而女兒在店中幫忙的，如《夷堅甲志》卷一載：

> 京師民石氏開茶肆，令幼女行茶。（頁7）

其二賣酒：《夢華錄》卷六，「收燈都人出城探春」條有「王小姑酒店」（頁176）；《清平山堂話本》，「錯認屍」中，講「高氏立性貞潔，自在門前賣酒」（頁348）；又《夷堅志補》卷十五，講「雍氏女」嘗被神界北陰天王之子所惑，日與之親昵，後來雖請法師治了，但從此「無人敢議親，父母繼亡，獨當壚賣酒。」（頁1690）以上諸人都有公開營業的店面；另外也有賣私酒的，如《夷堅支庚》卷九，「陳逍遙」條載：鄱陽東尉弓手之妻寡居，「以私酤爲生」（頁1207）又《支癸》卷九，「吳六競渡」條也載：

> 慶元三年，（中略）永年盛兵方五死，孀妻獨居，營私釀酒。每用中
> 夜雇漁艇運致，傳入街市酒店，隔數日始取其直。（頁1287）

則似乎已非小型私酤可比了。

　　其三開小吃店：在《東京夢華錄》卷二，「宣德樓前省府宮宇」條有「曹婆婆肉餅」。而《武林舊事》卷七及《都城紀勝》，「市井」條均有「李婆婆雜菜羹」及「宋五嫂魚羹」的記載，尤其「宋五嫂魚羹」因爲「曾經御賞，人所共趨，遂成富媼」〔註7〕。又有賣飯的，如《夷堅支甲》卷八，「鄂渚王媼」條所載：「鄂渚王氏，三世以賣飯爲業。王翁死，媼獨居不改其故」。也有賣粥的，《睽車志》卷三載：「汴河岸有賣粥嫗，日以所得錢置鮚菑中，暮則數而緡之。」（頁12）都是女性所經營的職業。

　　此外有磨麵自賣者，《夷堅乙志》卷一，「俠婦人」條載董國慶避亂於鄉，逆旅主人憐其羈窮，生活起居又無人照料，爲他買了一個妾，關於這個妾，文稱其「性慧解，有姿色，見董貧，則以治生爲己任。罄家所有，買磨驢七

〔註7〕《武林舊事》卷三，「西湖遊幸」條。

八頭，麥數十斛，每得麵，自騎驢入城鬻之，至晚負錢以歸。率數日一出，如是三年，獲利愈益多，有田宅矣。」（頁 190）則又勝過男兒。又有以屠宰為業的，如《夷堅志補》卷四，「湯七娘」條載：「紹興初，建州甌寧婦人湯七娘，本屠家女，亦善宰牛，平生所害以百數。」（頁 1577）已是技術本位，非弱女子之比。還有賣水果維生者，如《睽車志》卷二載一滄婦人，「幼年母病臥床，家無父兄，日賣果於市，得贏錢數十以養母」（頁 11）。可見謀生的本能男女都是一樣的。

與醫藥類有關者，其一是當助產士，《楓窗小牘》載：

> 宣和三年二月，新鄭門官夫淘溝，從助產朱婆婆墻外溝底，得一銅器如壺。（卷下）

可見有助產這個行業，而人又稱之曰「乳醫」，《夷堅志補》卷四，「趙乳醫」條載：

> 資州去城五十里曰三山村，地產茅香絕佳，草木參天，豺虎縱橫，人莫敢近。乳醫趙十五嫂者，所居相距三十里。一夕黃昏後，門外回門請收生，遽從以行。（頁 1585）

乳醫除了為人收生，還要參加嬰兒滿月的洗兒儀式，《夷堅三辛志》卷四，「屈老娘」載：

> 武陵城東宋氏婦女產蓐，所用乳醫曰屈老娘，年已八十餘，嘗以滿月洗兒，宋氏姻眷咸在，屈抱兒就榻纏足坐，凝然不動，面色漸變，視之已殂矣。（頁 1416）

其二是賣藥：有開店面者，如《東京夢華錄》卷三，「大內西右掖門外街巷」條所載的「醜婆婆藥舖」。也有行走四方賣藥的，如《夷堅志再補》，「賣藥嫗治眼蟲」條載：

> 潭州宗室趙太尉家乳醫，苦爛緣風眼近二十年。有賣藥老嫗過門云：「此眼有蟲，其細如絲，色赤而長，久則滋生不已。吾能談笑除之，入山取藥，晚下當為治療。」（頁 1793）

則她不但是賣藥，還兼及治療了。

其三有女醫生：如《夷堅戊志》卷八，「陵道姑」條載：陵道姑遇一奇僧，教她治百病之法，乃四處行醫，活人無數（頁 1112）。又《支乙志》卷五，「張小娘子」條載：

> 秀州外科張生，本郡中虞侯。其妻遇神人，自稱皮場大王，授以「廳

疽異方」一冊，且誨以手法大概，遂用醫著名，俗呼爲張小娘子。
又轉以教厥夫。（頁 828）

濟世活人之術人皆可習，只要心存誠愛，往往妙手回春，女子也可適任。

與服務業有關者是經營旅舍，有夫婦一起經營的，如《夷堅三志己》卷三，「支友璋鬼狂」條載：「漣水民支氏，啓客邸於沙家堰側，夫婦自主之。」（頁 1324）也有由婦人主持的，如《夷堅志補》卷七，「趙富翁」條所載的女店主即其一例。

除以上各類外，其他又有賣布及賣花的，形色不一。〔註8〕

綜上所述，在實業方面，婦女所從事的工作類別極多，而且幾乎男性所能的，她們也能獨當一面，如耕作、捕魚，甚至其他種種商業性的活動等。但也有些工作則非女性莫屬，如手工藝方面的縫紉、刺繡，及醫藥方面的助產士等，只要能勝任愉快，也都能得到社會的肯定。

第二節　雜役類

擔任雜役的婦女可分爲三種，一是女佣人，宋稱爲「婢」；其次是奶媽，即乳母，其身份與婢沒有兩樣，但因爲工作性質的關係，地位卻有所不同。以上兩者多是主人家私人雇用性質。三爲專在小吃店、酒店供職者。茲分述之。

一、女　婢

（一）婢的來源與雇賃方式

婢的來源有二，其一是家貧賣身，有父母賣之者，如《厚德錄》載：

> 查道初赴舉，（中略）過父友呂翁家，翁喪，無以葬，母兄將鬻其女
> 以辦喪事。（說郛本，卷九十四）

也有丈夫賣妻子的，如《夷堅丙志》卷八十，「國香詩」條載：

> 建中靖國元年，山谷先生自黔中還，少留荊南，見里巷間一女子，
> 以謂幽閑姝麗，目所未睹，惜其已適人。（中略）後數年，山谷下世，
> 女在民家生二子，荊楚歲饑，貧不能自存，其夫鬻之於田氏爲侍兒。

〔註8〕賣市者如《夷堅三志己》卷三，「宗立本小兒」條載：「宗立本與妻四處販賣縑帛。」（頁 1323）而話本「花燈轎蓮女成佛記」則載蓮女在自己家裡幫忙父母賣花。

一日召客飲，子勉（高荷）在焉。妾出侑配，掩抑困悴，無復故態。
（頁 518）

更有難以自存而自賣爲婢的，如《夷堅甲志》卷十三，「婦人三重齒」條所載：

> 鄭公肅右丞雍姪某，家于拱州。時京東饑，流民日過門。有婦人塵土其容，而貌頗可取。鄭欲留爲妾。婦人曰：「我在此飢困不能行，必死於是，得爲婢子，幸矣。」乃召女儈立券。（頁 115）

婢的第二個來源是被牙儈誘略轉賣，於《宋刑統》卷二十〈賊盜律〉中，有嚴禁的條文：

> 諸略人、略賣人爲奴婢者，絞。爲部曲者，流參阡里。爲妻妾子孫者，徒參年。

而南宋時更是屢申禁令，《宋會要輯稿‧刑法二》載：

> （紹興）三年十二月十七日詔：（中略）因火發，有良民妻女人口迷路，爲人誘引，知下落不肯收贖者，許赴尚書省陳訴。（頁 6550）

此外，孝宗朝及光宗朝也都有略賣人口之禁（同上引），但似乎均收效不彰。所以《袁采世範》卷下，「治家篇」中論道：

> 買婢妾既已成契，不可不細詢其所自來，恐有良人子女爲人所誘略。果然，則即告之官，不可以婢妾還與引來之人，慮殘其性命也。

另《夷堅三己》卷三，「穎昌趙參政店」條也載焦務本名田足穀，放博取利，漁奪人子女之事。（頁 1326）

總言之，因貧賣身及不法之徒的誘拐貨賣人口，形成女婢的兩個來源。

至於雇賃的方式，通常須先由牙人介紹，《東京夢華錄》卷三，「雇覓人力」條載：

> 凡雇覓人力，幹當人，酒食作匠之類，各有行老供雇。覓女使即有引至牙人。（頁 115）

如果主家對人選滿意的話，則雙方立下買賣契約，契約中寫明雇值、雇用年限﹝註9﹞，而倘有特別約定，也可在契約中載明，如《夷堅支庚志》卷四「王

�[註 9] 在《新編事文類要啓箚青錢》中，雖無雇女婢書式的記載，但在〈外集〉卷十一中，則有「雇小廝契式」，內有雇用年限及工資的記載，以此推測女婢的雇用契式應與此相差不遠，另龐德新在《宋代兩京市民生活》中，錄有中國

氏婢」條所載：

> 司農王丞族弟，淳熙中買一妾，立券時，父母先約不可近水火。（頁
> 1164）

可見雙方在立契之時也是可以談條件的。

（二）婢的職務

一般人在雇買婢使時，都會注意到她有什麼專長，再因人而使。如話本「碾玉觀音」中載韓世忠令虞侯到璩家遊說，想討璩秀秀作婢使。文曰：

> 虞侯道：「小娘子有甚本事？」待詔說出女孩兒一件本事來，有詞寄「眼兒媚」爲證：「深閨小院日初長，嬌女綺羅裳。不做東君造化，金針刺繡群芳樣。斜枝嫩葉包開蕊，唯只欠馨香。曾向園林深處，引教蝶亂蜂狂。」原來這女兒會繡作。虞侯道：「適來郡王在轎裡，看見令愛身上繫著一條繡裹肚。府中正要尋一個繡作的人，老丈何不獻與郡主？」璩公歸去與婆婆說了，到明日寫一紙獻狀，獻來府中。郡王給與身價，因此取名秀秀養娘。[註10]

而在《暘谷漫錄》中，對於婢使的名目記載得最詳盡，文稱：

> 有所謂身邊人、本事人、供過人、針線人、堂前人、劇雜人、折洗人、琴童、棋童、廚娘等級，截乎不紊。就中廚娘最爲下色，然非極富貴家不可用。（說郛本卷七十三）

可具其各有所司，但居常仍因主人之調配，以供百役。司馬光在《居家雜儀》卷四，記載女僕一日的活動道：

> 凡內外僕妾，雞初鳴，咸起櫛總、盥漱、衣服，（中略）女僕灑掃堂室，設椅棹，陳盥漱櫛靧之具，主父主母既起，則拂牀、襞衾、侍立左右，以備使令，退而具飲食，得閒則浣濯、紉縫，先公後私。及夜，則復拂牀展衾。當晝，內外僕妾惟主人之命，各從其事，以供百役。（頁9）

又《負暄雜錄》，「房老」條說：「婢妾年遠而位高者，曰房老。」[註11]可見雖同爲婢屬，但也因爲年資的長短，而有地位高低之別。年遠者習於主

科學院歷史研究所資料室所編，《敦煌資料第一輯》五〈契約文書類〉，「韓願定賣妮子契」可作參考。

[註10]《京本通俗小說》卷十，〈碾玉觀音〉，長沙：商務印書館，民國26年3月初版，28年12月簡編印行，頁4。

[註11] 宋，顧文薦，《負暄雜錄》（說郛本，卷十八），頁1312。

人的家事及起居，也得到主人的信任。可以教導新到的婢侍，地位自然要高
一些。

（三）婢的社會地位

在法律上，婢屬賤流，如果與良人有犯，均較凡人相犯加重治罪〔註12〕。
而她在主人家的生命安全更是缺乏保障，主人有權打罵；反之，若奴婢犯主，
刑罰極重。《宋刑統》卷二十二〈鬥訟律〉載：

> 諸主毆部曲至死者，徒壹年；故殺者，加壹等。其有愆犯。決罰致
> 死，及過失殺者，各勿論。
>
> 諸部曲奴婢過失殺主者，絞；傷及詈者，流。（頁727）

而且這種主僕之分，直到契約關係結束後依然存在，同書卷二十三，〈鬥訟律〉
曰：

> 諸部曲奴婢詈舊主者，徒貳年；毆者，流貳阡里；傷者，絞；殺者，
> 皆絞；過失殺傷者，依凡論。（頁759）

因為法律上的缺乏保護，婢使在主家的生活便如同牛馬般的受人驅使，即連
溫厚長者如司馬光和袁采，所採取的御僕婢之道，仍不脫打罵舊規。《居家雜
儀》卷四道：

> 凡女僕（中略）其有鬥爭者，主父主母聞之，即詞禁之；不止，即
> 杖之；理曲者，杖多；一止，一不止，獨杖不止者。（頁9）

而《袁氏世範》卷下則云：

> 婢僕有小過，不可親自鞭撻，蓋一時怒氣所激，鞭撻之數必不記，
> 徒且費力，婢僕未必知畏，惟徐徐責問，令他人執而撻之，視其過
> 之輕重而定其數，雖不過怒，自然有威，婢僕亦自然畏憚矣。

這些打罵式的管教方法，時人並不以為酷〔註13〕。兩位以理性、道德自期的
大家已然如此，更遑論一般人家御下之苦毒了。不但犯錯要打，即使沒犯錯
也難逃非理之刑，如《夷堅志補》卷三，「雪香失釵」條載：女僕雪香在無意

〔註12〕《宋刑統》卷二十二〈鬥訟律〉曰：「諸郭曲毆傷良人者，加凡人壹等，奴婢
又加壹等。若奴婢毆良人折跌支體，及瞎其壹目者，絞，死者，各斬。其良
人毆傷他人部曲者，減凡人壹等，奴婢又減壹等。若故殺部曲者，絞；奴婢
流參阡里。」頁722。

〔註13〕實則奴婢在法律上確同於畜產，如《宋刑統》卷二十六〈雜律〉曰：「諸買奴
婢、馬牛駝騾驢，已過價，不立市券，過叄日，笞叄拾；賣者減壹等。」乃
將奴婢與牛馬並列，可見其身份同於畜產。

間遺失主人的金釵，因懼主人痛打，竟寧可自尋短見。而在話本「簡貼和尚」中，記述皇甫松懷疑妻子與人有染，為了查明真象，竟向非相關人丫環迎兒苦刑逼供。文稱：

> 皇甫松去衣架上取下一條繰來，把妮子縛了兩隻手，掉過屋梁去，直下打一抽，吊將妮子起去，挈起箭簝子竹來，問那妮子道：「我出去三個月，小娘子在家中和甚人吃酒？」妮子道：「不曾有人。」皇甫殿直挈起箭簝子竹，去妮子腿上便摔，摔得妮子殺豬也似叫，又問又打。（頁30~31）

而這個迎兒是才十三歲的小孩。其實據當時的記載，這種責打方式只是眾刑之末，觀《夷堅志》所記，刑罰婢女的方式可謂無奇不有，最尋常的是微過打死；上焉者是「以髮繫柱，箠楚無算，怒猶不釋，則沃以糞溺。」再上一等的是打死了不算，還要分屍〔註14〕。這些均只像是窮兇極惡的野獸在對付一隻小羔羊，婢使們久處於此淫威之下，其悲慘可知。宋人錢某記其聞見說：

> 予有族叔景直供奉，娶宗室女，屢殺婢使，元符中，直為高郵酒官，予曾飯于其家，見婢子二人出執酒器，口齧逾寸，耳垂及項，面目淋漓，腰背傴僂，真地獄中囚徒也，駭汗不能食。〔註15〕

這裡以地獄裡的囚犯來形容之，確不為過。仁人君子看到婢子的憔容，美食當前，亦難下嚥。

女婢除了受這種膚體上的摧殘之外，至不幸者還要遭到男主人獸慾發作時的凌虐，宋人每愛讚揚男主人遣嫁仍為處女之女使的故事〔註16〕。可見女

〔註14〕 《夷堅丙志》卷七，「錢大夫妻」條載：「錢令望大夫之妻陳氏，天性殘忍，婢妾雖微過，必箠之，數有死於杖下者。」（頁423）又《支乙志》，卷三，「余尉二婦人」條載：「一婢，因為（主母）小兒烘鞋，火誤爇幫帛，遭痛杖，亦縕死。」（頁814）《支癸志》卷五，「趙邦材造宅」條載：「餘干宗子趙邦材（中略）平生治僕妾輒以髮繫柱，箠楚無算。怒猶未釋，則沃以糞溺。」（頁1258）又《三己志》卷六，「趙氏馨奴」條載：「潭州益陽趙知縣女，（中略）性慘酷，（中略）待婢妾尤嚴，或有獲罪，輒留伴宿，然後囚縛鞭撻以數百計，氣幾絕，始命曳出。淳熙十六年冬，妾陳馨奴者，掇怒頗甚，手殺之。斷其頭及手足為五，貯於糠籠。」（頁1346）
〔註15〕 錢氏，《澹山雜識》（說郛本）卷二十九，頁2052。
〔註16〕 《談藪》載：「張（詠）帥蜀時新有變，為帥守者，不許將官家，擇處子十八執院紉紀之役，張始不肯用，既而恐不便於後政，遂留之執事。一年將歸，悉嫁之，則處子也。後趙（扑）為帥，聞其風悅之，然已不敢親近，置之它

婢一旦被賣入主家，她便完全沒有自主權，《宋刑統》卷二十六〈雜律〉載：

> 議曰：姦己家部曲妻及客女各不坐。（頁 895）

所言雖僅止於部曲妻及客女，但因婢女的地位又比客女爲低，其適用於此法應是相當然耳之事。唯婢若因此而生子，則不失爲提昇其地位之法，同書卷十三〈戶婚律〉載：

> 若婢有子，及經改爲良者，聽爲妾。（頁 451）

但婢子有子卻常常不爲主母所容，反而遭到更多的摧殘，如《齊東野語》卷二十所載：

> 吳興富翁莫氏者，暮年忽有婢作娠，翁懼其嫗妒，且以年邁慚其子婦、若孫，亟遣嫁之。（頁 1）

這還算是最好的歸宿，此外卻有更多母子一起被害，或婢子被殺的記載，如《睽車志》卷三載：

> 鹽官馬大夫中行妻悍妒，一婢免乳，即沈其子，雜糠穀爲粥，乘熱以食婢，竟以血癖而殂。乃取死子同炊烝之。（頁 2）

又《夷堅支丁志》卷二，「安妾柔奴」載：

> 蜀人安自牧，喪妻之後，買妾曰柔奴，付以閫政。恃主人龐嬖，恣橫頗甚。一婢安兒，產子方滿月，用計殺之，而逐其母。（頁 978）

即使女婢母子能幸運地存活下來，婢仍不能擁有她的孩子，因爲《宋刑統》卷十四〈戶婚律〉有如下的條文：

> 議曰：奴婢既同資財，即合由主處分，輒將其女私嫁與人，須計婢贓，准盜論。（頁 475）

因此，婢的一切均須視主家的好惡而定。當然，賢德而能體恤婢僕的女主人不是沒有，如楊萬里妻羅氏於寒月煮粥，令婢僕先食，方使就役；再如《東齋記事》載：

> 廣安軍俗信巫，疾病不加醫藥；康定中大疫，壽安縣太君王氏家婢，疫染相枕藉，它婢畏不敢近，且欲召巫治之，王氏不許，親爲煮藥，致食膳。左右爭勸止之，曰：「平居用其力，至病則不省視，後當誰使者？」〔註17〕

均爲令人感佩的故事。這類例子似不多見，彌覺珍貴。

所。」另《東軒筆錄》卷十，頁 71～72 亦記此事。
〔註17〕宋，范鎮，《東齋記事》（叢書集成新編本）卷四，頁 26。

總之，一旦爲婢，便是喜怒由人，除非期滿從良，否則是一生難見天日的。

（四）婢的可能出路

婢的買賣本來是有年限的，年限一到，即還其自由之身，如《夷堅支丁志》卷九，「張二姐」條載：

> 下邳朱邦禮，家於宿頂，買少婢曰張二姐。雖無要疾，而形體枯悴，肌膚皴散，絕可憎惡，姑使執庖爨舂汲之役，凡六七年。（中略）久之，顧限已滿，告辭而去。（頁1042）

而且婢從良之後，也可以嫁爲良人之妻。同條又謂張二姐自離開朱家後，偶遇曾任朱家西席的劉逸民，劉逸民以「無人負笈，偶值此婦，遂與之偕行。念其道塗勤謹，存于家間，而溫良惠解，實同甘苦，故就以爲妻。」也算男有分女有歸，兩全其美。

但是強令賣斷或不遵年限之約的人家，卻是不少，潛說友《咸淳臨安志》卷四十七載趙子瀟之事蹟云：

> 勢家質子女爲僕妾，抑令立契，謂之義男義女，與父母永決，子瀟又禁之。（宋元地方志叢書本，頁9～10）

又《袁氏世範》卷下論道：

> 以人之妾爲婢，年滿而送還其夫；以人之女爲婢，年滿而送還其父母；以他鄉之女爲婢，年滿而送歸其鄉；此風俗最近厚者，浙東士大夫多行之。有不還其夫而擅嫁他人；有不還其父母而擅與嫁人，皆興訟之端。

此一禁一勸，皆可看出實有法令不及之處，因此主人若能爲婢女作好安排，反倒是直值得嘉許的大善事。《春渚紀聞》卷二，「中雷神」條載：東州人朝奉郎劉安行，因夢中雷神告其大限將至，乃向家人囑咐後事，令遣嫁廚婢採蘋，使其「從良且有所歸。」語畢，小睡了一下，「復夢其神欣躍而告之；主人今以嫁遣廚婢之事，天帝嘉之，已許延一紀之數矣。」（頁13）可見這類事跡在當時是很少見的，方如此大加闡揚。

總而言之，婢由買賣而來，是主人的財產，其任務便是勤謹侍奉主人主母，早晚均不得懈怠，且不能犯錯，萬一有錯必受到責打，甚且因此喪命，而法律對她們也缺乏保障。其最佳出路是主人遵守約雇期限，於期到之時還她自由之身，令其從良嫁人，或是歸父母家。

二、乳　母

乳母也是買賣而來，身分同於婢使，《夷堅支景志》卷七，「李氏乳媼」條載：

> 李元住以紹興十六年監建州豐國監，生女子，買民妻陳氏爲乳母。
> 女既長，因不復肯言歸。媼賦性獷戾，常與人競，視同列蔑如也。（頁
> 936）

可見乳母的身分與婢女同，也是有買賣，有期限。但因爲工作性質的不同，使其成爲家中頗有地位的一份子，即使小主人已不再需要哺乳了，也多不再回到其本家。

宋儒對於雇乳母哺育小孤，多抱著不以爲然的看法，如《近思錄》卷六，「論乳婢」條云：

> 買乳婢多不得已，或不能自乳，必使人。然食己子而殺人子，非道。
> 必不得已，用二乳母食三子足備他虞。或乳母子病死，則不爲害，
> 又不爲己子殺人之子。（頁4～5）

而《袁氏世範》卷下〈治家篇〉也論道：

> 有子而不自乳，使他人乳子，前輩已言其非矣。況其間求乳母於未
> 產之前者，使不舉己子而乳我子；有子方嬰孩，使捨之而乳我子，
> 其己子呱呱而泣，至於餓死者。有因仕宦他處，逼勒牙家誘賺良人
> 之妻，使捨其夫與子而乳我子，因挾以歸鄉，使其一家離散，生前
> 不復相見者。士夫反相庇護，國家法令有不能禁，彼獨不畏于天哉。
> （頁12）

而洪邁則引晁說之《客語》，形容之爲「富人懶行，而使人肩輿；貧人不得自行，而又肩輿人。是皆習以爲常而不察之也。」〔註18〕綜觀宋儒之反對雇請乳母，其最重要的理由便是使人拋棄親子不乳，而來哺育自己的孩子，是爲傷生害德之舉。

但或許因爲有這層特殊的因素，宋代人對待乳母一般都非常尊敬，不以乳母和奴僕同列，如《夷堅甲志》卷十六，「晏氏媼」條載：

> 晏元獻（殊）家老乳媼燕氏，在晏氏數十年，一家頗加禮。既死，
> 猶以時節祭之。（頁142）

又《丙志》卷十一，「朱氏乳媼」條載：朱漢臣的乳母亡於外鄉，朱特地請託

〔註18〕洪邁，《容齋五筆》卷五，「貧富習常」條，頁864。

他的妻弟迎葬乳母骸骨（頁 456）。都是宋人加禮、善待乳母之例。而另一方面，乳母與小主人之間的關係也非常的密切，並不下於母子之親情。如《宋史》卷二五四〈侯益傳〉載：益孫延廣還在襁褓中時，遇王景崇之難，乳母劉氏以己子代延廣死，並一面行乞，一面哺育延廣，抱著他到京師歸還侯益。又卷二八八，〈程琳傳〉載：故樞密副使張遜的曾孫才七歲，因家貧，由乳母代其主家計，賣掉房子以維生。當然，主家欺凌乳母之例也不是沒有〔註19〕，但大體上，乳母與主人家庭間的關係大多是親密而和諧的。

三、香婆與焌糟

　　關於這種特殊的行業，在《武林舊事》卷六，「酒樓」條載：

　　（於市酒樓）有老嫗以小爐炷香為供者，謂之「香婆」。（頁 442）

大概因人之喜好使用香爐，而有專在酒店裡等候呼喚而供應之者。只不知她是附屬於酒店的，或為個人營業性質？

　　另《東京夢華錄》卷二，「飲食果子」條曰：

　　更有街坊婦人，腰繫青花布手巾，綰危髻，為酒客換湯斟酒，俗謂之焌糟。（頁 73）

全漢昇先生形容之為現代的女侍者，可謂相當傳神。

　　以上兩者均算是公開服務，而為雜役性質者，故列於此。

第三節　遊藝類

　　與遊藝有關的行業可大別為兩種：一種是專門提供男人尋樂，過著生張熟魏，逢迎生活的妓女業；另一種是憑著特殊技能以博人一燦的百戲雜藝。茲分述之：

一、妓　女

　　關於妓女，全漢昇先生在〈宋代婦女之職業與生計〉及龐德新先生於《宋代兩京市民生活》中均有頗詳細的論，今只是作一補充的工作。

〔註19〕《夷堅三辛志》卷四，「孟廣威彌猴」條載：孟廣威家生一男孩，召年輕乳母哺育之。一日，乳母隨眾婢女到宅後熨衣裳，嬰兒卻在此時被孟家所養的彌猴抓死。孟以為乳母方盛年，志為姬侍，不願做乳母的工作，才故意殺害嬰兒。乃送她到官府問罪，乳母不堪酷刑逼供，終於誣服而亡。

（一）來　源

在宋朝之時，政府並不將犯罪人家的妻女沒爲官妓，已見於龐書的論證〔註20〕，妓女的供應仍以買賣爲主要途徑，而其形成的原因有三種：

其一是家貧而賣女：《宋史》卷四六〇〈列女傳·陳堂前傳〉云：

> 里有故家甘氏，貧而質其女於酒家，堂前出金贖之。（頁 13458）

又〈郝節娥傳〉云：

> 郝節娥，嘉州娼家女，生五歲，母娼苦貧，賣於洪雅良家爲養女。
>
> 始笄，母奪而歸，向令世其娼，娥不樂娼，日逼之。（頁 13479）

則是逼女爲娼，逼到無計可脫時投江死。

其二是誘拐轉賣：《夷堅三志壬》卷十，「鄒曾九妻甘氏」條載：鄒曾九出外經商，其妻甘氏久候不歸，向人打聽消息，均說已客死，甘氏不信，乃欲親自前往訪尋存亡，卻在半途，「爲市倡譚瑞誘留，遂流落失節，其心緒悒快，僅半歲而死。」又《支戊志》卷九，「董漢州孫女」條載：董元廣死後，其繼室將前妻之女誘賣於娼家，且「得錢七十千」，都是拐賣良家婦女的例子。

其三是因無謀生技能而自賣爲娼：《清尊錄》中載曹氏女計畫與表哥私奔，在陰錯陽差之下，被王生所獲，不得已而歸王生。後以王父令生回鄉，而曹女所帶出來的資財又被王生費盡，眼見生活成了問題，乃不得已，同乳媼商量，「下汴訪生所在，時生侍父官閫中，女至廣陵，資盡不能進，遂隸樂籍，易姓名爲妓。」〔註21〕可以說，女子在沒有謀生技能的情況下，當娼妓而以色藝爲生，算是最爲便捷的維生之道。

龐德新認爲南宋妓女眾多的原因是商業高度繁榮，人口過度集中所形成的性的不平衡現象〔註22〕。除此之外，士大夫的附庸風雅想也有推波助瀾的作用。

在宋朝，幾乎只要有官員聚會，便有妓樂相隨，而朝廷只是叫大家節制，並未禁止，《宋會要輯稿·刑法二》載：

> （宣和元年五月）八日（中略）詔：郡縣官公務之暇，飲食宴樂非
> 爲深罪，若沈酣不節，因而廢事，則失職生弊。可詳臣僚所奏，措

〔註20〕見龐德新，《宋代兩京市民生活》，頁 159。

〔註21〕《清尊錄》，頁 7～9。

〔註22〕見龐者，頁 161。

置立法，將上，取旨施行。（頁 6533）

而事實上，即連內廷也是廣置妓樂，理由無他，享樂而已，《靖康朝野僉言》
載：

> 正月二十九日，軍前索教坊內侍等四十五人，露壹妓女千人。蔡京、
> 童貫、王黼、梁師成等家歌舞及官女數百人。先是，權貴歌舞及內
> 人，自上皇禪位後，皆散出民間，至是以開封府勒牙婆、媒人追尋
> 矣。哭泣之聲遍于里巷，聞者不勝其哀。〔註23〕

這是北宋靖康二年（1127）的事，雖是女眞元帥向宋廷索歌妓勞軍，但也可說
明徽宗君臣習於燕樂的事實。現代仍留傳下來的詩詞，實有不少是在妓女環
侍飲宴之下完成的。葉夢得，《石林避暑錄話》卷一載：

> 歐陽文忠公在揚州作平山堂，壯麗爲淮南第一。（中略）公每暑時輒
> 凌晨攜客往遊。遣人走邵伯取荷花千餘朵，以畫盆分插百許盆，與
> 客相間，遇酒行，即遣妓取一花傳客，以次摘其葉，盡處則飲酒，
> 往往侵夜，載月而歸。（頁 2）

此名之爲雅事固可，但在妓女的心目中，這只是她們逢迎生涯的一部分罷了
〔註24〕。因此朱熹、陸九淵對於這種現象反對最力，《行都紀事》載：

> 朱晦庵爲倉使，而某郡太守頗遭捃摭，幾爲按治，憂惶百端。未
> 幾，晦庵易節他路，喜可知也。有寄居官因招守飲，出寵姬歌大聖
> 樂。至末句云：「休眉鎖，問朱鹽去了，還更來麼？」守爲之啓
> 齒。〔註25〕

陸九淵也批評道：「士君子乃朝夕與賤娼女居，獨不愧于名教乎？」〔註26〕但
他們的反對，終究敵不了人慾的橫流。

　　簡言之，在宋代，妓的供給量甚多，且多由買賣而來，而需求之眾，則
是由於商業繁榮，人口集中所造成的性的不平衡現象，及士大夫的喜好所
致。

〔註23〕宋，佚名，《靖康朝野僉言》（叢書集成新編本一一七），頁 2。
〔註24〕李昌齡，《樂善錄》（稗海本）卷一載：歐陽修遇一妓口氣常作青蓮花香，因
　　　　一異僧說此妓前生爲尼，好轉妙法蓮花經，乃於一次郡會中，問妓曾否丹轉
　　　　妙法蓮花經？妓答道：「某不幸爲妓，日事應接，何暇轉經？」（頁 9）可見對
　　　　妓女而言，不管她們所遇到的人是如何的「風雅」，對她們來講只是浮光掠影，
　　　　無可奈何。
〔註25〕宋，楊和甫，《行都紀事》（說郛本）卷二十，頁 1468～1469。
〔註26〕龐元英，《談藪》。

（二）妓的等級

關於妓的等級，上舉龐、全二氏著作中已談得很清楚，今只就高等藝妓的才情，加以描述，並對下等妓女作補充說明。

龐氏談到一些聲價甲都下的藝妓都訓練有素，能文詞、善談吐、絲竹管絃、艷歌妙舞，咸能精其技〔註27〕。茲舉例以明之。《夷堅三志己》卷一，「吳女盈盈」條中載此名妓的風采說：「年才十六，善歌舞，尤工彈箏。容貌甚冶，詞翰情思，翹翹出群。少年子爭登其門，不惜金帛。盈遴簡嘉耦，乃許一笑。」（頁1306）《談藪》記贛妓朱雲楚道：

> 字卿，警慧知書，趙時逢遇可爲守，嘗會客，果實有炮栗，趙指之曰：「栗綻逢黃見」，俾客屬對，皆莫能。楚輒曰：「妾有對。」乃取席間藕片以進曰：「藕露絲飛。」趙大奇之。（說郛本，卷三十一，頁2177）

《齋東野語》卷十一，「蜀娼詞」條云：

> 蜀娼類能文，蓋薛濤之遺風也。（中略）傳一蜀妓述送行詞云：「欲寄意渾無所有，折盡市橋官柳。看君著上征衫，又相將放船楚江口。後會不知何日，又是男兒休要鎮長相守。苟富貴無相忘，若相忘有如此酒。」（頁3～4）

這些妓女的敏慧才思，絕非朝夕可就，應是日久涵養的結果，無怪乎一些以風流自許的士大夫要不惜千金，流連其間，樂而忘返了。

下等妓女除不呼自來筵前歌唱的「箚客」或「打酒座」者之外〔註28〕，還有三種可述，其一是孀子：《夷堅支乙志》卷一，「翟八姐」條云：

> 江、淮、閩、楚間商賈，涉歷遠道，經月日久者，多挾婦人俱行，供炊爨薪水之役，夜則共榻而寢，如妾然，謂之孀子，大抵皆猥娼也。（頁802）

其二是在旅舍中以單身男子爲營業對象的游娼，《夷堅三志己》卷二，「徐秀才」條載：

> 浮梁人徐五秀才，入城輸租，（中略）獨行歸邸，掩關，明燭酌酒。至更闌，將就寢，聞剝啄叩户者，啟而視之，一青衣丫環，音韻楚

〔註27〕《宋代兩京市民生活》，頁157。
〔註28〕見《東京夢華錄》卷二，「飲食果子」條，頁73。及《夢粱錄》卷十六，「分茶酒店」條，頁264。

楚。徐謂必倡家人，見我旅宿，故來相就。（頁1312）

其三是與奸猾之徒串通騙人的娼妓，頗像現代的「仙人跳」，她們均有共通的情節，即專尋富家子弟邂逅，儀表、談吐、排場均相當莊重，看上去好似官門大族家的美眷。當該女子對那少不更事的富家子弟百般殷勤，並私廉枕席，正不可開交處時，卻有人報：「官人回來啦！」導致富家子弟無處可逃，被目爲姦人妻子，逮個正著。富家子爲了畏懼吃官司，只得同女人的丈夫私下和解，通常都被勒索一空才得脫身。及至醒悟，返身去尋，對方已是人去樓空〔註29〕。另外也有類似現代的「騙婚」情節。《夷堅志補》卷八，「鄭主簿」條載：鄭某在客邸中，惑於孫某豪華的排場，遂相與款接。一日，孫某以買妾爲由，邀他同到牙儈家觀看。鄭見其中一人年輕而有樂藝，就出錢買下。隔日，鄭有事外出，囑孫代爲照看房舍，及至歸來，不旦妾不見了，且所有的盤纏都被洗劫一空，而孫某已逃之夭夭，方知受騙。

（三）妓的不自由生活

妓女每被人買作饋贈之用，或被權貴畜養，與園池服玩並列，早已成爲習尚〔註30〕。此外，妓女既要應付官吏的脅迫相從，又得承擔與官吏相通的罪名。話本〈柳耆卿詩酒翫江樓記〉載柳永任餘杭縣宰，見縣內歌妓周月仙姿色甚佳，意欲佔有她，乃設計令人強姦周月仙，再於酒宴中當眾取笑她，周月仙羞慚之餘，只得俯從，而爲柳之侍婢〔註31〕。此事雖不一定眞有，但類似的事情想必不少。〈樓記〉稱：周月仙被姦之後，惆悵之餘作詩歌，以抒其心中的萬般無奈感，歌云：「自恨身爲妓，遭淫不敢言。羞歸明月渡，懶上載花船。」可證明其難有身體的自由。

對妓女而言，提供娛樂是她們的工作，但卻也會因爲某些官員對她們備加垂青，反成爲政治犧牲品。如《齊東野語》卷二十，「台妓嚴蕊」條載：天台營妓嚴蕊色藝冠一時，且究達古今，人人聞其名而嚮往之，其時唐仲友爲台守也甚看重她。但朱熹提舉浙東時，爲了彈劾唐仲友，便指其與嚴蕊猥濫，捕蕊下獄，酷刑鞫問，欲借此治唐仲友之罪。但嚴蕊雖備受箠楚，委頓幾死，口供毫不涉及唐仲友。終因朱熹改除，而岳霖提點刑獄，岳憐其病悴，命作

〔註29〕見《夷堅志補》卷八，「吳約知縣」、「李將仕」、「臨安武將」等三條，頁1616～1620。
〔註30〕見全漢昇，〈宋代女子職業與生計〉，頁203。
〔註31〕《清平山堂話本》，〈柳耆卿詩酒翫江樓記〉，頁11～18。

詞自陳，嚴蕊即應聲口占卜算子云：「不是愛風塵，似被前緣誤，花落花開自有時，總賴東君主。去也終須去，住也如何住，若得山花插滿頭，莫問奴歸處。」岳霖遂判其從良（頁 7）。上述故事雖已成為風塵佳話，但亦可見當個妓女已是身不由己，而又要忍受隨時可能發生的迫害，其淒楚可以想見。此外官妓也如同家婢般，可被橫加拷掠，《夷堅支丁志》卷六，「烏江魏宰」條記烏江縣宰魏昌賢之妻，懷疑官妓壬道奴與其夫有染，「不復審其實，呼之入宅，痛加杖笞。」後來才發現所刑非人，而此妓也得不到任何補贖，不了了之，只能自認倒楣。（頁 1016）。

此外，私娼館名妓也有可能遭到鴇母的虐待，如《夷堅三志己》卷二，「程喜眞非人」條載王生所邂逅一美女，此女自謂其遭遇是這樣：

> 我是城中程虔婆家女，小名喜眞，被媽媽嚴切，每日定要錢五千，如不及數，必遭箠打。喫受不過，不免將身逃竄，未有歸者。幸遇郎君，不知可能收留歸宅，作婢妾使喚否？

可見妓女是鴇母的賺錢工具，如果不能滿足鴇母的願望，便會受到處罰。

正因為這種沒有自由，且暗無天日的生活，有些妓女便會設法潛逃，程喜眞即為一例。但一來逃亡並不是簡單的事，因為鴇母會對妓女們採取嚴密的防範措施〔註 32〕。二來萬一被抓，私娼之私刑固不必論，政府立案管理的工樂雜戶更有嚴格的管理系統，一旦逃亡，處罰是毫不容情的，《宋刑統》卷二十八〈捕亡律〉載：

> 工樂雜戶亡者，壹日笞參拾，拾日加壹等，罪止徒參年。（頁 970）

因此，《夷堅二辛志》卷三，「毘陵僧母」條所載娼女趙壽兒潛逃，被捕至郡庭，壽兒乞免罪，願執事樂籍中，太守不聽，依律撻之後，錄赴牙儈轉賣（頁 1409）。

妓在姿容尚存之時，是「儀眞過客如雲，無時不開宴，望頃刻之適不可得。」〔註 33〕而在色衰之後，極有可能流落街頭，成為乞婆。《玉照新志》載：

> 秦妙觀，宣和名倡也，色冠都邑，畫工多圖其貌售於外方。陸升之仲高（申略）嘗語明清曰：「頃客臨福，雨中見一老婦人，蓬首垢面，

〔註32〕《夷堅三己志》卷四，「傳九林小姐」條載：「傳九，年二十九歲，好狎遊，常為倡家營辦生業，遂與散樂林小姐綢繆，約竊負而逃。林母防其女嚴緊，志不能遂。」頁 1332。

〔註33〕《夷堅丁志》卷十二，「西津亭詞」條，頁 638。

郵於市，藉簷溜以渥足，泣訴於升之曰：『官人曾聞秦妙觀名否？妾
即是也。』雖掩抑困悴，而聲音舉措固自若也。多與之金，而遣之
去。」〔註34〕

此即為妓女晚景蕭條之一例。

　　妓女的景況如此，在無法得到實質改善的情況下，便轉而尋找精神寄
託。有寄意於愛情者，《夷堅志補》卷二，「義倡傳」條載一長沙娼素愛秦觀
之詞，適秦被謫，道經長沙，而訪此娼，娼辨明是秦學士之後，遂「設位令
少游坐於堂，因冠帔出拜」，且「止少游宿，衾枕席褥必躬設」。而每天必先
秦觀而起，「飾衣冠，奉沃匜，立帳外以待」。及秦將行，娼自誓從此以後閉
門謝客，潔身以報。數年後，娼聞秦觀客死，遂親臨其喪，「拊棺繞之三週而
慟絕」（頁 1559～1562）。真是夠癡情的，這已經是一種士為知己者死，高度
昇華的愛情了。其次是在宗教信仰上求寄託，她們深信輪迴之說，因此欲借
求天拜佛之法免去今生孽障，而求來生得為良家女子。《夷堅丁志》卷十八，
「張珍奴」條載：張珍奴者，不知其所自來，或云吳興官妓，而未審也。雖
落風塵中，而性頗淡素，每夕盥濯，更衣燒香，扣天祈脫去甚切（頁 688）。
又《睽車志》卷一載：「湖妓楊韻手寫法華經，每執筆必先齋素盥沐更衣。後
病死，死之夜，其母夢韻來別云：「以經之力，今即往生烏程縣廳吏蔡家作
女。」（頁 6～7）這些故事雖可能只是傳說，但多少反映出妓女渴望免除束縛
之迫切，而此渴望今生既難以得到，便只有仰望來生了。

（四）妓之脫籍

　　工樂雜戶的身分，非經官除籍，是不得隨便轉換，在《宋刑統》中已有
規定〔註35〕。但是准或不准，全在州郡官一念之間，似無嚴格規定〔註36〕。
至於妓脫籍從良之後的歸宿，人殊不一，有為人妻者，也月為人妾者，如《談
藪》豐宅之贖故友女於倡家，並使之改嫁為良人妻。再如《夷堅支戊》卷三，
「池州白衣男子」條載：池州倡女李妙色衰除籍之後，自賣於染房家為妾（頁
1071）。

　　此外，妓的買賣似乎也有期限上的約定，《夷堅支丁志》卷四，「袁娼馮

〔註34〕宋，王明清，《玉照新志》（宋元人說部叢書本）卷二，頁3～4。
〔註35〕《宋刑統》卷二十五，詐偽律曰：「諸詐自復除，若詐死，及詐去工樂雜戶名
　　　　者，徒貳年。」頁848。
〔註36〕《宋代兩京市民生活》，頁161。

妍」條載：

> 袁州娼女馮妍，年十四，姿貌出於輩流，且善於歌舞。本謝氏女也。
> 其母詣郡陳狀云：「賣此女時才五歲，立券以七年為限。今踰約二年
> 矣，乞取歸養老，庶免使以良家子終身風塵中。」（頁996）

但這種約定大概也如婢女的典賣般，買主到後來都是不認帳的。

二、百戲雜藝

在《武林舊事》卷六，「諸色伎藝人」條中，所羅列的諸色伎藝有十九種
之多，而且每一種均有女子的參與，今將男女伎藝人之比繪表如下：

項　　目	女　　性　　藝　　人	女男比數
演　史	張小娘子、宋小娘子、陳小娘子	3：26
說　經	陸妙慧、陸妙靜	2：15
小　說	史惠英	1：52
影　戲	李二娘、王潤卿、黑媽媽	3：16
唱　賺	媳婦徐	1：22
小　唱	蕭婆婆	1：8
嘌　唱	施二娘	1：13
鼓　板	陳宜娘、潘小雙	2：12
雜　劇	慢星子、王雙蓮	2：37
雜　扮	卓郎婦	1：25
唱京詞	蔣郎婦、吳郎婦	2：2
諸宮調	高郎婦、王雙蓮	2：2
唱耍令	郭雙蓮	1：18
覆　射	女郎中	唯一
撮弄雜藝	王小仙、女姑姑、施小仙	3：16
泥　丸	王小仙、章小仙	2：2
女　颭	韓春春、繡勒帛、錦勒帛、賽貌多、僥六娘、後輩僥、女急快	7：0
打　彈	林四九娘	1：5
散　要	姚　菊	1：4

《武林舊事》所記，固只就有名氣者臚列之，但由此亦稍可看出，女性
伎藝人在總人數中所佔的比例有多少。其中「女颭」屬於角觝之前的序曲，

多由女性擔任〔註 37〕，其餘各色則男女藝人都有，雖然女性人數偏低，但既已列名其上，即表示她們也是個中翹楚，非此等閒。

　　從事伎藝工作多半需要經過特殊的訓練，如百戲踢弄家要會「上竿、跳索、倒立、折腰、弄盌注、踢瓶、筋斗」〔註 38〕，又要能「索上擔水、索上走裝鬼神、舞判官、斫刀蠻牌、過刀門、過圈子等」〔註 39〕。如今之馬戲團，應有盡有。技藝特佳的人通常在首都謀生，「遇朝家大朝會、聖節，宣押殿廷承應」，或者「官府公筵、府第筵會，點喚供延，俱有大犒」；而較次等者則遊走於各村落間，「拖兒帶女，就街坊橋巷，呈百戲使藝，求覓舖席宅舍錢酒之資。」〔註 40〕再如小唱及嘌唱，必須妙解音律，所謂「驅駕虛聲，縱弄宮調。」〔註 41〕均非朝夕可就。又小說的內容博雜，有「煙粉、靈怪、傳奇、公案，扑刀桿奉，發發蹤參之事」，說話人均得談論古今，如水之流；而講史書者則「講說通鑑、漢唐歷代書史文傳、興廢爭戰之事。」〔註 42〕非有相當的文才及口才者，均不足以成事。此外，《夷堅支乙志》載「江浙間路歧伶女，有慧黠知文墨，能於席上指物題詠應命輒成者，謂之合生；其滑稽含玩諷者，謂之喬合生。」〔註 43〕則是以女性為主的專門才能。而在這些博雜的技藝中，女性也能與男性作一抗衡，可見女性的職業的選擇上也是相當靈活的。

第四節　媒人、牙儈、女巫、相士

一、媒　人

　　宋人婚姻，法律上雖沒有「非行媒，不交不親」的規定，但媒人在婚嫁

〔註 37〕　《夢梁錄》卷二十，「角觝者，相撲之異名也，又謂之『爭交』。（中略）瓦市相撲者，乃路歧人聚集一等伴侶，以圖標手之資。先以女颭數對打套子，令人觀覩，然後以膂力者爭交。（中略）杭城有（中略）女占賽關索、囂三娘、黑四姐，女眾俱瓦市，諸郡爭勝，以為雄偉耳。」頁 312。

〔註 38〕　《東京夢華錄》卷三，「宰執親王宗室百官入內上壽」條，頁 220。

〔註 39〕　《夢梁錄》卷二十，「百戲伎藝」條，頁 310。

〔註 40〕　同前引，頁 311。

〔註 41〕　耐得翁，《都城紀勝》，頁 96。又《東京夢華錄》卷五，「京師伎藝」條，介紹小唱及嘌唱名：「小唱李師師、徐婆惜、封宜奴、孫三四等，誠其角者。嘌唱弟子張七七、王京奴、左小四、安娘、毛團等。」頁 132。

〔註 42〕　《夢梁錄》卷二十，「小說經史」條，頁 312～313。

〔註 43〕　《夷堅支乙志》卷六，「合生詩詞」條，頁 841。

過程中仍擔當著重要的角色，《夢粱錄》卷二十，「嫁娶」條曰：

> 婚娶之禮，先憑媒氏，以草帖子通於男家。（中略）然後過細帖，又
> 謂「定帖」。（中略兩家道報擇日過帖，各以綵襯盤，安定帖送過，
> 方爲定論。（中略）自送定之後，全憑媒氏往來，朔望傳語。（頁304
> ～305）

可見媒人是擔任男女兩家間的溝通橋樑，因爲她的存在，才使得婚禮能夠順
利的進行。

在宋代，媒人有分等級，「上等戴蓋頭，著紫背子，說官親宮院恩澤。中
等戴冠子，黃包髻，背子，或只繫裙，手把青涼扇兒，皆兩人同行。」〔註44〕
她們經常爲了謀生而作不實的傳言，如小說「志誠張主管」載年過六十的張
員外想要娶個繼室，而且一要人材出眾，二要門戶相當，三要有十萬貫的隨
嫁。惹得「兩個媒人肚裏暗笑」，卻口說「容易」，於是說合了王招宣府被出
的小夫人，「把張家年紀瞞過了一二十年」，在花燭之夜，「張員外從下至上看
過，暗暗地喝采。小夫人揭起蓋頭，看見員外鬚眉皓白，暗暗的叫苦」〔註45〕，
一椿不幸的婚姻就此開始。因此話本〈快嘴李翠蓮〉裡批評媒人道：

> 正是媒人之口無量斗，怎當你沒的番作有，你又不曾吃早酒，嚼舌
> 嚼黃胡張口。（頁108）

除了一般的媒人之外，還有所謂的「鬼媒人」，是專門打聽人家夭折兒女之成
年者，使他們如生人般的舉行婚嫁的行業，《昨夢錄》載：

> 北俗，男女年當嫁娶，未婚而死者，兩家命媒互求之，謂之鬼媒人。
> 通家狀細帖，各以父母命禱而卜之。得卜即製冥衣，男冠帶，女裙
> 帔等畢備，媒者就男墓備酒果祭以合婚。（中略）不如是則男女或作
> 祟，見穢惡之迹，謂之男祥鬼、女祥鬼。兩家亦薄以幣帛酬鬼媒，
> 鬼媒每歲察鄉里男女之死者而議，資以養生焉。〔註46〕

可見鬼媒只是營業對象不同，其所進行的工作和一般媒人是沒什麼兩樣的，
只是所得較低罷了。

二、牙　僧

牙僧亦同媒婆般，擔任著中間介紹人的角色，但是在工作性質上有所差

〔註44〕《東京夢華錄》卷五，「娶婦」條，頁144。
〔註45〕《京本通俗小說》卷十三，「志誠張主管」，頁46～48。
〔註46〕宋，康與之，《昨夢錄》（叢書集成新編本八六），頁11～12。

異。《夢梁錄》卷十九，「顧覓人力」條稱。

> 如府宅官員，豪富人家，欲買寵妾、歌童、舞女、廚娘、針線供過
> 廳細婢妮，亦有官私牙嫂，及引置等人，但指揮便令踏逐下來。（頁
> 301～302）

可見牙儈是以爲人尋找婢妾維生的，有如今之傭工介紹所，而且可以事先和
人約定報酬的多寡。《夷堅丙志》卷十一，「施三嫂」條載：「張夢女儈施三嫂
來，曰：『曩與君買婢，君約謝我錢五千，至今未得。我懷之久矣。（中略）
幸見償。』」（頁 457）施三嫂已死，仍來討酬勞金，雖說是小說傳聞，但可見
請牙儈雇覓人力是要給傭金的。

三、女　巫

　　女巫是民間信仰色彩相當濃厚的行業，她提供人在徬徨無依時的一個精
神指南。《夷堅甲志》卷十一，「五郎鬼」條載。

> 錢塘有女巫曰四娘者，鬼憑之，目爲五郎。有問休咎者，鬼作人語
> 酬之。或問先世，驗其僞，雖千里外，酬對如響，莫不諧合。（頁
> 97）

女巫通常必須有相當的本事，如能正確無誤的說出人家的過去，必可得到他
人的信服。或者可以忍受一些肉體上的燒灼刺殺，而絲毫不覺痛苦，還是安
然無恙，令人神奇而深信。如《夷堅支景志》卷五，「聖七娘」條載：

> 建炎初，車駕駐蹕揚州。（中略）淄川姜廷言（中略）久不得家書，
> 日夕憂惱，邦人盛稱女巫聖七娘者行穢跡法通靈，能預知未知事。
> 乃造其家，焚香默禱。才入門，見巫蓋盛年女子，已跣足立於通紅
> 火磚之上，首戴熱鏊。（中略）（姜得母弟訊）厚致錢往謝，一切弗
> 受，唯留香燭幡花而已。（頁 919）

可見一般人在求助於女巫之後，都會給予報酬，而巫家賴此維生的，想必不
少，如前者之純服務者大概並不多見。

　　綜合本章所述，宋代女子於職業的從事上是相當多樣化的，幾乎各行各
業都有她們的參與，顯示其日常生活的活潑性，非如一般人錯誤印象下「大
門不出，二門不邁」，於生計無所俾益的嬌嬌女可比。其意義有三：（一）她
們能獨立謀生，不必仰賴他人而活；（二）她們能協助家庭生計；（三）她們
在整個經濟大環境中，也是推動生產和刺激消費的一員。

結　論

　　要了解宋代婦女的家族角色與地位，須先了解中國人家族主義的傳統，只要透過這個角度來觀察，紛沓的面貌便能燦然分曉。從女子教育之習爲賢妻良母，到婚姻之途的完全以家族爲出發點，不管是與娘家的天倫或與夫家的人倫，都脫離不了「家族」二字，因此女子在出嫁之後必須善盡保家保族的責任以敦人倫，同時她也才能享有作爲一名妻子的權利。唯一旦人倫有虧，這名婦女便再返諸天倫，而與娘家族親重新產生連繫，至於她與原夫所生的孩子之間也是以天倫孝道來作爲維繫的紐帶。於此倫理觀念下，在宋代，一名離婚再嫁的婦女多能得到前夫之子的孝敬，一方面固是社會人情視再嫁爲常態使然，另方面也是因爲孝道觀念的支持。再自財產的擁有、繼承或保管權諸方面來看婦女地位，也可看出一切的規制都是以家族爲出發點。

　　至於以守節者的多寡與否來判斷婦女地位的高或氏，則易失於偏頗，我們應該注意的是能不能自主的問題，而據觀察，宋代婦女於守節或再嫁是能自主的。而且不管是守節或再嫁，她還是脫離不了她的家族。

　　此外從職業的選擇來看，宋代民婦對社會活動的參與是多方面的，幾乎各行各業都有她們的參與，而婦女能夠靠自己的才能與技藝獨立謀生者均不在少數，因此如果再硬將宋代婦女套上一個刻板印象，以爲她們只是父系社會下的寄生者，那是很不公平的。

　　所以要看婦女地位，不能把婦女綁死在一個點上，以爲是毫無變動的，應該注意到她在家族裡的角色轉換過程，以及她對於家庭經濟所作的貢獻，而這些都應把它放在制度性上作考量，而不宜作情緒性的化約。

徵引及參考書目

一、經　部

1. 《毛詩》，四部叢刊初編經部，商務印書館縮印常熟瞿氏所藏宋刊巾箱本。
2. 《周易》，四部叢刊初編經部，商務印書館宋刊本。
3. 《十三經注疏禮記》，藝文印書館。
4. 《大戴禮記》，四部叢刊初編經部。

二、史　部

1. 司馬遷，《史記》，新校本。台北：鼎文出版社，民國 65 年 6 月。
2. 漢固，《漢書》，新校本。台北：鼎文出版社，民國 65 年 10 月。
3. 范曄，《後漢書》，新校本。台北：鼎文出版社，民國 67 年 10 月三版。
4. 歐陽修、宋祁、《新唐書》，新校本。台北：鼎文出版社，民國 65 年 10 月。
5. 李燾，《續資治通鑑長編》〈史部・編年六〉，四庫全書本。
6. 脫脫，《宋史》，新校本。台北：鼎文出版社，民國 67 年 9 月。
7. 《宋會要輯稿》，台北：世界書局，民國 53 年 6 月。
8. 馬端臨，《文獻通考》〈史部・政書六〉，四庫全書本。
9. 劉錦藻，《續文獻通考》〈史部・政書六〉，四庫全書本。
10. 竇儀，《宋刑統》，台北：文海出版社，民國 53 年 8 月。
11. 謝深甫等，《慶元條法事類》，台北：新文豐出版公司影印。
12. 史能之，《咸淳毘陵志》，宋元地方志叢書本。
13. 周應合，《景定建康志》，宋元地方志叢書本。

14. 范成大,《吳郡志》,宋元地方志叢書本。
15. 施宿,《嘉泰會稽志》,宋元地方志叢書本。
16. 凌萬頃,《玉峰志》,宋元地方志叢書本。
17. 袁桷,《延祐四明志》,宋元地方志叢書本。
18. 梁克家,《三山志》,宋元地方志叢書本。
19. 潛説友,《咸淳臨安志》,宋元地方志叢書本。
20. 羅願,《新安志》,宋元地方志叢書本。

三、子　部

1. 上官融,《友會談叢》,叢書集成新編本八二。台北:新文豐出版公司,民國 75 年元月。
2. 王木永,《燕翼詒謀錄》,百川學海本。
3. 王銍,《默記》,宋人説部叢書本。台北:中文出版社,民國 69 年 1 月。
4. 王楙,《野客叢書》,稗海本。台北:新興書局,民國 57 年 10 月。
5. 王鞏,《甲申雜記》,四庫全書本・子部三四三。
6. 王君玉,《國老談苑》,續百川學海本。
7. 王明清,《玉照新志》,宋元人説部叢書本。
8. 王德臣,《麈史》,宋元人説部叢書本。
9. 仇遠,《稗史》,説郛本。
10. 司馬光,《司馬氏書儀》,四庫全書本・禮六。
11. 司馬光,《涑水紀聞》,宋元人説部叢書本。
12. 朱熹,《朱子語類》,四庫全書本・子部・儒家七〇〇。
13. 百歲寓翁,《楓窗小牘》,稗海本。
14. 吳自牧,《夢梁錄》,於《東京夢華錄外四種》。台北:大立出版社,民國 69 年 10 月。
15. 吳并,《漫堂隨筆》,説郛本。
16. 吳處厚,《青箱雜記》,稗海本。
17. 沈括,《夢溪筆談》,稗海本。
18. 邵雍,《邵氏聞見後錄》,宋元人説部叢書本。
19. 邵伯溫,《河南邵氏聞見錄》,宋元人説部叢書本。
20. 呂居仁,《軒渠錄》,説郛本。
21. 何薳,《春渚紀聞》,宋元人説部叢書本。
22. 佚名,《儁永錄》,説郛本。

23. 佚名，《摭青雜說》，叢書集成新編本八十六。

24. 佚名，《觀時集》，說郛本。

25. 佚名，《三朝野史》，叢書集成新編本一七一。

26. 佚名，《靖康朝野僉言》，叢書集成新編本一七一。

27. 不著編人，《明公書判清明集》，新校本。北京：中華書局，1987 年 1 月。

28. 撰人不詳，《清尊錄》，叢書集成新編本八十七。

29. 李薦，《師友談記》，四庫全書本，子部一六九。

30. 李隱，《瀟湘錄》，叢書集成新編本八十二。

31. 李元綱，《厚德錄》，百川學海本。

32. 李昌齡，《樂喜錄》，稗海本。

33. 周玘，《開顏錄》，說郛本。

34. 周密，《癸辛雜識前集》，稗海本。

35. 周密，《齊東野語》，宋元人說部叢書本。

36. 周密，《武林舊事》，于東京夢華錄外四種。

37. 周煇。《清波雜志》，稗海本。

38. 周煇，《清波別志》，四庫全書本・子部三四五。

39. 孟元老撰，民國鄧之誠注，《東京夢華錄注》，台北：漢京文化事業有限公司，民國 73 年 3 月。

40. 《京本通俗小說》，長沙：商務印書館，民國 26 年 3 月。

41. 洪巽，《暘谷漫談》，說郛本。

42. 洪邁，《夷堅志》，新校本。台北：明文書局，民國 71 年 4 月。

43. 洪邁，《容齋隨筆》，新校本。台北：大立書局。

44. 洪楩輯，《清平山堂話本》，據日本內閣文庫藏及寧波天一閣藏明嘉靖間刊影印。台北：世界書局。

45. 范正敏，《遯齋閒覽》，說郛本。

46. 范公稱，《過庭錄》，稗海本。

47. 范鎮，《東齋記事》，叢書集成新編本八十三。

48. 馬純，《陶朱新錄》，四庫全書本・子部三五三。

49. 耐得翁，《都城紀勝》，於《東京夢華錄外四種》。台北：大立出版社，民國 69 年 10 月。

50. 班固，清陳立疏證，《白虎通疏證》，於《中國子學名著集成，第八十六，珍本初編雜家子部》，清光緒元年淮南書局刊本。中國子學名著集成編印

基金會印行，民國 67 年 12 月。

51. 袁采，《袁氏世範》，四庫全書本。

52. 孫升口述，劉延世編，《孫公談圃》，續百川學海本。

53. 徐鉉，《稽神錄》，宋元人說部叢書本。

54. 袁桷，《延祐四明志》，宋元人說部叢書本。

55. 陶穀，《清異錄》，四庫全書本‧子部三五三。

56. 陳郁，《藏一話腴》，四庫全書本‧子部一七一。

57. 陳夢雷，《古今圖書集成》，台北：鼎文出版社。

58. 陸游，《老學庵筆記》，宋元人說部叢書本。

59. 莊綽，《雞肋編》，四庫全書本‧子部三四五。

60. 章淵，《稿簡贅筆》，說郛本。

61. 黃光大，《積善錄》，叢書集成新編本十四。

62. 張邦基，《墨莊漫錄》，四庫全書本‧子部一七○。

63. 張舜民，《畫墁錄》，稗海本。

64. 郭象，《睽車志》，稗海本。

65. 康與之，《昨夢錄》，叢書集成新編本八十六。

66. 彭乘，《墨客揮犀》，四庫全書本，子部三四三。

67. 葉夢得，《石林家訓》，說郛本。

68. 葉夢得，《石林避暑錄話》，宋元人說部叢書本。

69. 曾慥，《高齋漫錄》，四庫全書本，子部三四四。

70. 程灝、程頤，《二程全書》，于《四部備要子部》，據江寧刻本校刻。台北：中華書局，民國 55 年 3 月。

71. 楊和甫，《行都紀事》，說郛本。

72. 《新編事文類要啓箚青錢》，台北：大化出版社。

73. 魯應龍，《閒窗括異志》，稗海本。

74. 錢某，《澹山雜識》，說郛本。

75. 韓元吉，《桐陰話舊》，叢書集成新編本八十四。

76. 魏泰，《東軒筆錄》，叢書集成新編本八十四。

77. 羅大經，《鶴林玉露》，宋元人說部叢書本。

78. 龐元英，《談藪》，叢書集成新編本八十六。

79. 蘇軾，《東坡手澤》，說郛本。

80. 蘇軾，《東坡志林》，宋元人說部叢書本。

81. 顧文薦，《負暄雜錄》，說郛本。

四、集　部

1. 范仲淹，《范文正公集》，四部叢刊本。
2. 劉克莊，《後村大全集》，四部叢刊初編本。

五、論文及專書部分

1. 金漢昇，〈宋代女子職業與生計〉，於《中國婦女史論集》，台北：牧童出版社，民國 68 年 10 月。
2. 向淑雲，〈唐律與社會婚姻實態的研究〉，《史原》第十五期，民國 75 年 4 月。
3. 島田正郎撰，卓清湖譯，〈南宋家產繼承法上的幾種現象〉，《大陸雜誌》第三十卷四期，民國 54 年 2 月。
4. 陳祥水，〈中國社會結構與祖先崇拜〉，《中華文化復興月刊》第十一卷六十六期，民國 67 年 6 月。
5. 張邦煒，〈宋代婦女再嫁問題探討〉，於《宋史研究論文集》，1984 年年會編刊，1987 年版。
6. 劉維開，〈傳統社會下我國婦女的地位〉，《社會建設》第三十六期，民國 68 年 6 月。
7. 賴澤涵，〈我國家庭的組成、權力結構及婦女地位之變遷〉，於《社會科學整合論文集》，中央研究院三民主義研究所叢刊（九），民國 71 年 8 月。
8. 朱瑞熙，《宋代社會研究》，台北：弘文館出版社，民國 75 年 4 月。
9. 吳自甦，《中國家庭制度》，台北：商務印書館，民國 57 年 6 月初版，62 年 9 月二版。
10. 李甲孚，《中國古代的婦女生活》，台北：黎明文化事業公司，民國 62 年。
11. 林咏榮，《中國法制史》，台北：榮泰印書館，民國 49 年 6 月初版，69 年 9 月增訂八版。
12. 島田正郎撰，葉潛昭譯，《東洋法史──中國法史篇》，台北：鼎文書局，民國 68 年 9 月。
13. 徐道鄰，《中國法制史論集》，台北：志文出版社，民國 64 年 8 月。
14. 陳東原，《中國婦女生活史》，台北：商務印書館，民國 75 年 10 月台八版。
15. 陳顧遠，《中國婚姻史》，台北：商務印書館，民國 55 年。
16. 陳顧遠，《中國法制史》，上海：商務印書館，民國 24 年再版。
17. 陳顧遠，《中國法制史概要》，台北：三民書局，民國 53 年 2 月初版，66

年 8 月五版。

18. 張金鑑，《中國法制史概要》，台北：正中書局，民國 63 年 8 月初版。

19. 楊鴻烈，《中國法律發達史》，台北：商務印書館，民國 56 年。

20. 趙鳳喈，《中國婦女在法律上的地位》，台北：食貨出版社，民國 62 年 3 月。

21. 鮑家鱗編著，《中國婦女史論集》，台北：牧童出版社，民國 68 年 10 月。

22. 戴炎輝，《中國身分法史》，台北：司法行政部，民國 48 年 12 月。

23. 戴炎輝，《中國法制史》，台北：三民書局，民國 55 年。

24. 瞿同祖，《中國法律與中國社會》，台北：里仁書局，民國 73 年 9 月。

25. 龐德新，《宋代兩京市民生活》，香港：龍門書店，1941 年 9 月。

附錄一：元代犯姦罪試析

摘　要

　　所謂「通姦罪」，即今日強暴、通姦、因姦殺人或性騷擾案件的統稱。《元典章》裡的案例與犯姦事件相關者頗眾，內容性質多樣且龐雜，筆者的工作是試圖將之理出頭緒並加以探討。

　　具體的研究子題有：《元典章》裡對「犯姦罪」作了哪些規範？在元代主要出現的犯姦案件有哪些種類？審斷案件的態度如何？具體的刑罰又如何？或謂元代視婦女爲男人財產的一部份，這對犯姦罪的判決是否有相互牽涉的成分？在犯姦事件的處理上，皇權與司法權是否會相牴觸？官員犯姦又如何處理？統治多元民族的元代，在階級與種族意識高漲的環境下，如何看待主奴相姦等社會位階差異的犯姦罪？甚至是更複雜的思考，如：你情我願的和姦與二次犯姦，我們該讚揚愛情的高貴偉大，以表彰女性追求人身自主權的勇敢？抑是戴上道學家的官冕，追隨元代以爲危亂風化治安的立法本意予以指責？

關鍵詞：元代法律、通姦罪、犯姦罪、亂倫、婦女

前　言

　　所謂「犯姦罪」〔註1〕，即今日強暴、通姦、因姦殺人或性騷擾案件的統

〔註 1〕 筆者原以「姦非罪」來統稱所有的犯姦案，但經王德毅老師指出，「姦非」一詞不夠通俗易理，或可改「通姦」，但「通姦」一詞在今日多指雙方你情我願的苟合，而本文之處理範圍還包括「內亂」（指近親相姦）、強暴、性騷擾、性侵害等，故若引「通姦」一詞，涵蓋範圍實過於狹小，幾經審酌，仍決定採納王師的意見，以「犯姦罪」來作文本文所有性犯罪之統稱，敬祈前輩學者惠予指正。

稱。本文的研究重點只有一個，即元代律法對「犯姦罪」是否予以重視？

本文所倚重的分析材料爲《大元聖政國朝典章》（簡稱《元典章》），《元典章》裡的案例與姦犯事件相關者頗眾，內容性質多樣且龐雜，筆者的工作是試圖將之理出頭緒並加以探討。具體的研究子題有：《元典章》裡對「犯姦罪」作了哪些規範？在元代主要出現的犯姦案件有哪些種類？審斷案件的態度如何？具體的刑罰又如何？或謂元代視婦女爲男人財產的一部份，這對犯姦罪的判決是否有相互牽涉的成分？在犯姦事件的處理上，皇權與司法權是否會相牴觸？官員犯姦又如何處理？統治多元民族的元代，在階級與種族意識高漲的環境下，如何看待主奴相姦等社會位階差異的姦犯罪？甚至是更複雜的思考，如：你情我願的和姦與二次犯姦，我們該讚揚愛情的高貴偉大，以表章女性追求人身自主權的勇敢？抑是戴上道學家的冠冕，追隨元代以爲危亂風化治安的立法本意予以指責？

對於上述種種問題，本文約略地將之分成：

一、元代對一般姦罪的判決。

二、強姦幼女、官員犯姦與亂倫。

三、因姦殺人。

等三大部分予以敘述，而賴以分析的案例則儘量以案情首尾清晰明白者爲主，其具體內容詳後，不再贅述。又，爲方便探討元代對「犯姦罪」的判決起見，下面先行表列元代對姦罪的刑責規範，以資與本文中的具體案例暨判決相互參考。

元代犯姦罪

罪狀 ＼ 刑罰	47	57	67	77	87	97	107	處死	犯姦經斷再犯，於本犯上加二等罪
和姦				無夫婦人	有夫婦人				男女同罪。媒合人減一等。十歲以下女雖合同強。
強姦						無夫人十歲以上女		有夫婦人 ／ 十歲以下女	婦人不坐 ／ 官吏違例錯斷，臨時詳情區處。
縱姦	主母受財縱妾姦				夫受財，姦夫姦婦本夫各受刑			十歲以上女	姦夫姦婦依例斷罪，仍聽歸宗離異。若逼勒妻妾爲娼，既非自願，臨時詳情科斷。

職官犯姦						依例斷罪不敘
僧道犯姦						依例斷罪還俗
姦男婦				未成	已成	歸宗
姦姪婦						職官遇革免罪 除名聽斷歸宗
姦姪女			各決			結案
姦弟婦			犯人			
姦妻前夫女		婦人	犯人			
主姦奴妻						難議治罪
跟隨人姦品官妻					各行	
奴姦主妻女					犯人	
奴婢相姦	各決					
欺姦囚婦				犯人		
虛告姦	婦人聽從	欲令妻虛告人姦	婿虛告丈人姦女			並離異

（資料來源：《元典章》四十五〈刑部七・諸姦〉（下），頁1）

一、元代對一般姦罪的判決

犯姦罪是一種自古即有的罪狀，它往往與「盜」一同並稱。從唐、宋、元代的律令條文記載可知，對「姦盜」予以重視是爲了維持善良風俗，《元典章》中就因爲有官吏以「休和理斷」〔註2〕犯姦案，導致以「違錯」遭到彈劾，清楚地表明了政府對姦犯罪的態度。雖然「通姦係輕罪」，但在具體案例中往往因「傷風敗俗」而連帶地產生謀殺或爭鬥〔註3〕，另一方面，亦與蒙古人視

〔註2〕 《元典章》：「大德六年（1302）八月初四日，御史台據河北道按察司申照刷彰德路奧魯總管府與彰德路文卷內薛文祐與甯是通姦。申奉到樞密院批判歸問本路總管府，卻便准告休和，爲係傷風敗俗事理。就喚到犯人薛文祐、甯氏到官審問，取昭是實。乞明降憲台合下仰照驗據逐人所犯並本路違錯，聽候朝廷差官審問理斷施行。」見《元典章》四十五〈刑部七・凡姦〉，台北：文海出版社版本，1964年，頁14～15。而「休和」一詞，依《元語言詞典》的解釋是「使不算數」的意思，見《元語言詞典》，上海教育出版社，1998年，頁362。

〔註3〕 《元典章》四十二〈刑部四・因姦殺人〉（中）載：「中都路申，遵化縣捉解到孔四兒，爲招至元四年四月十三日招帶王君義男婦劉當哥逃於潮陽洞通姦住坐，至十八日爲恐事發，將本婦賺到石崖下擲死。罪犯法司擬除通姦係輕罪外，擲死本婦罪犯合行處死，徵燒埋銀五十兩。部准擬，省准斷訖。」頁30。

女子爲財貨，「犯姦罪」牽涉到財產權的侵犯。（有趣的旁證是「舊例強姦者絞，無夫者減一等」〔註4〕，似是保障丈夫的財產而來？！）因此，元代對「犯姦罪」是很重視的，在《元典章》中除了對各種姦罪的刑責予以規定外，對於品官犯姦亦有所規範，此外，《元史》中亦可見大臣們的上言，對權臣強搶民婦予以嚴厲的指責等等。（詳後）

僅就「犯姦罪」而言，事關倫理風俗與社會治安，中國歷史上當無任何政府不予以重視。關於這點。《金史》中金世宗的一個命令便可以清楚地看出：

> （大定）二十一年（1181），尚書省奏鞏州民馬俊妻安姐與管卓姦，俊以斧擊殺之，罪當死。上曰：「可減死一等，以戒敗風俗者。」〔註5〕

在這個事例裡，金朝殺姦妻所以減罪一等的原因，撇開潛在的父權等意識型態不談，至少在檯面上的理由是「以戒敗風俗者」。「以戒敗風俗者」並不僅僅是冠冕堂皇的理由而已。事實上，善良風俗的維持有助於治安的維護，確保政權的穩定統治。由於「犯姦罪」關係到風化治安，因此元代對之亦爲重視。《元史》中即載有陳思謙在順帝至元元年六月對姦罪裁斷的相關上言〔註6〕，《元典章》中更規定有僧道犯姦強迫還俗等具體事例，於「僧道犯姦還俗」條載道士李道恭、邵道明．分別與無夫婦人慶阿邵及有夫之婦宋招兒通姦，分別斷罪之後，李道恭依令還俗，而邵道明未令還俗，因有以下之議，文載：

> 看詳：僧道既處淨門，理宜潔身奉教於內，卻有犯姦作盜，靡顧廉恥，甚傷風化。僧人有犯，已有刺斷爲民通例，所據出家道士即係一體，擬合將邵道明依例斷遣還俗，一體施行。送刑部議得：僧尼道士女冠理宜修潔，既犯姦盜，俱合一體斷罪，依例還俗。相應都省准擬施行。（《元典章》四十五〈刑部七・僧道姦〉（下），頁22）

從「靡顧廉恥，甚傷風化」的道德譴責用語，可見元人對「犯姦罪」的看法。

〔註4〕《元典章》四十五〈刑部七・強姦〉（下）「強姦無夫婦人」條，頁2。

〔註5〕元・托克托，《金史》卷四十五，台北：鼎文書局，頁1018。

〔註6〕脫脫，《元史》卷一八四〈陳思謙傳〉載：「『因奸殺夫，所姦妻妾同罪，律有明文，今止坐所犯，似失推明。』遂令法曹議，著爲定制。」可見元代一度對姦人妻妾而殺其夫者，只處死姦夫，但陳思謙認爲妻妾既是關係人，便應與姦夫同坐死罪，而不能只科姦罪。台北：鼎文書局，頁4239。

以下再就幾個斷案原則來作探討：

（一）指姦革撥

在法律的裁斷上，元代之於「犯姦罪」並不是對具有犯姦事實者一律究辦，而是「非姦所捕獲勿論」、「指姦革撥」的，以現代的法律用語來說，除了「現行犯」外，「告訴乃論」並不一定適用。《元典章》四十五〈刑部七‧指姦〉，「非姦所捕獲勿論」條載：

> 至元六年（1269）八月中書右三部據大都路來申，段乞僧與劉蘭哥通姦，伊翁陰成捕告到官，除招伏外，司吏楊寧又責出續指曾與李道和通姦一次，勾追得李道和出外未回，除將段乞僧、劉蘭哥先行斷罪，并取到司吏楊寧不合責指通姦違錯，亦行斷罪外，據李道和爲未還家，累准運司催捉不能杜絕，若便根究，誠恐違錯，乞明降事省部相度。既是先將捕獲姦夫段乞僧、姦婦劉蘭哥斷罪，別無定奪外，據指出李道和一節，如委非姦所捕獲，合革勿論。仰照驗施行。（頁 11～12）

同卷，「指姦革撥」條又載：

> 大德六年（1302）正月，江西道廉訪司承奉行台箚付，准御史台咨建康路錄事司捉拿宵二娘與劉狗兒通姦，指出王福一亦曾與本婦通姦，取訖招詞。將姦夫劉狗兒姦婦宵二娘各斷訖七十七下，王福一決訖五十七下。爲此就問得本路該吏梅珪狀稱，前事比照蘇小尹與蘇七通姦，又指出與陳佐通姦。部擬斷例斷遣。看詳：指姦革撥，此古不易之典。若蘇小尹與蘇七通姦指出陳佐一節，當原部擬爲冠氏縣取訖本人明白招伏。以此約量斷決爲久例，今有司遇有指姦即爲定例，若不改正，無所定守。（頁 12）

所謂「革撥」，依《元語言詞典》的解釋是「使不算數」的意思〔註 7〕。這也就是說，犯姦者若不是「姦所捕獲」的現行犯，便需經過通姦當事人的到案審訊並「招伏明白」方可斷決，否則光憑他人一面之詞的指證，是無法獲得法律承認的〔註 8〕；這也是「古不易之典」。在《元典章》中另有一個語焉不詳的事例，亦可窺測「指姦革撥」的精神。《元典章》四十五〈刑部七‧凡姦〉，「姦婦已適他人免斷」條載：

〔註 7〕《元語言詞典》，上海教育出版社，1998 年，頁 104。
〔註 8〕詳見《元典章》四十五〈刑部七‧和姦〉（下），「和姦有夫婦人」條，頁 6。

至元十六年（1279）四月，御史台據來申：趙州隆平縣李拾住狀首：
亡兄妻阿王與梅得山通姦。本婦適人，合無追理。乞照詳事得此，
憲台相度：若以和姦論罪，男女理合重科，卻緣本婦犯在亡夫之家
已適他人，今既身屬後夫，難以追斷。（頁15～16）

在「姦婦已適他人免斷」的案例中，並不是司法審判不予重視的意思，而是
一種審慎的態度。雖然我們無從得知阿王的後夫是否就是梅得山？因此官方
不受理；抑是阿王之後夫與梅得山實為不同的兩個人，雖有犯姦事實，卻因
後夫不曾出面告官，以「指姦革撥」之故，因而官方不受理？不論如何，其
判決結果都是一樣的。惟必須在此指出的是，「指姦革撥」的規定並非元代創
始；其規定是基於對人權的保障與誣告事件的防範，決不是對「姦非罪」予
以寬容對待之意。

（二）強姦罪

對比於謀殺等刑事案件，「犯姦罪」雖是輕罪，但在元代的處罰卻也頗為
嚴苛。《元典章》中即載有「陳生來家，將阿丘近腹肚下摸訖一下」之類似今
日性騷擾事件即被處刑的例子〔註9〕，而強姦案最高更可判處絞刑。《元典章》
四十五〈刑部七‧強姦〉（下），「強姦無夫婦人」條載：

真定路申：歸問到李聚招伏：不合於至元二年（1265）十一月初三
日寅夜，強姦郭阿張罪犯。法司擬：李聚所招強姦郭阿張罪犯，舊
例：強姦者絞，無夫者減一等。其李聚合徒五年，杖一百，部擬決
一百七下。行下本路斷遣去訖。（頁2）

上述「強姦無夫婦人」事例中所說的「舊例」，指的是《金律》，由此可知，
不論是金代或元代，對強姦犯的處罰都是極重的。強姦無夫婦人的處罰只較
絞刑減一等，若是強姦有夫之婦，最高可處死刑。《元典章》四十五〈刑部七‧
強姦〉（下）「強姦有夫婦人」條載：

至元六年（1269）省准部擬，衛輝路姬驢兒將劉四男婦女阿任頭髮
拖下，驢兒用拳打腳踢以言語唬嚇強姦訖一度，罪犯處死。（頁2）

雖然強姦罪最高可判處死刑，但除了強姦有夫之婦、亂倫或因姦殺人而以謀
殺定罪等重大通姦事件外，在《元典章》的案例中，僅因一般的通姦就被判死
刑的並不是很多，大多是「斷放」結案，而被處以「斷放」者多屬「和姦」。

〔註9〕詳見《元典章》四十五〈刑部七‧嚇姦〉（下），「欺姦囚婦」條，頁7。

（三）和　姦

在你情我願或兩情相悅之情況下的「和姦」，在元代所以仍被處以刑罰的原因是事關風化治安；這與今日性觀念之開放是非常不一樣的。此外，《元典章》中亦羅列有多樣的「和姦」案例，其中除了「和姦十歲以下女，雖和同強」〔註 10〕外，另有類似今日妨害家庭的「和姦有夫之婦」及收受遮羞費的「容姦受錢」等案例。《元典章》四十五〈刑部七・和姦〉，「和姦有夫婦人」條載：

> 冠氏縣申：歸問到柳二妻蘇小丑狀招：不合於至元三年（1266）九月內，與陳典史就伊家通姦。罪犯又招，不合於至元五年（1268）十一月十八日信從安大姊媒合，與在逃蘇七通姦。罪犯陳典史名佐安，大姊姓劉小名師姑，各招相同。姦婦蘇小丑，法司擬舊例：姦（和姦）有夫之婦人徒二年，決徒年杖七十，去衣受刑。部擬杖八十七下，行下本路斷訖。姦夫陳佐法司擬舊例與姦婦同罪，合徒二年決杖七十，卻緣蘇小丑與在逃蘇七通姦，指出陳佐。舊例：和姦者，姦所捕獲爲理，今因捉獲蘇七指出，非姦所捕獲，合行革撥。部擬：若准非姦所捕獲勿論，卻原本縣已取到陳佐明白，招伏若全同捕獲斷決，似爲尤重，量情答五十七下。媒合安主劉師姑，法司擬於姦罪上減一等，合徒一年半，決徒年杖六十，部擬斷五十七下，單衣受刑。（頁 6）

又同卷〈刑部七・凡姦〉，「容姦受錢追給」條載：

> 大德八年（1304）七月初三日，尚書刑部據中都路來申：艾文義告男婦高哇頭騙賴欺姦。其高哇頭狀稱委曾姦污，有艾文義未曾承伏身死，爲此行下本路，追問到高哇頭等，各各招伏，詞因爲有未完，再下本路補勘去後。今據來申，蒙審斷罪囚官議得：高哇頭所招艾文義將伊先次強姦，在後又行姦，本婦隨順，難同強姦科罪，然是和姦，本婦卻曾告過宋主首，量情決訖五十七下，聽離，歸宗。高哇頭兄高定，要訖艾文義打合錢物，於法相容隱，省會寧家申乞照驗事，爲此呈奉到尚書省箚付該省府相度高哇頭等所犯罪名，既是審囚官斷訖，別無定奪外，高定元受打合錢物，除釵篦衣服外，牛畜羅疋驗數追給還主，仰照驗施行。（頁 15）

〔註10〕《元典章》四十五〈刑部七・諸姦〉（下），頁 1。

「容姦受錢追給」之判決是針對和姦男婦，並牽涉到私下打和後再行訴官的案例。由此事例可知：

1. 被同一男人先強姦，後再和姦，雖先後有所不同，在斷決上卻是前後并做一事處理，「難同強姦科罪，然是和姦」。
2. 公公姦媳婦，聽離，歸宗。
3. 和姦自首，酌予減刑，斷五十七下。
4. 女方家人既接受「打合錢物」，「於法相容隱」乃成義務，若再行告訴，「除釵篦衣服外，牛畜羅疋驗數追給還主」。

由於是和姦，因此雖然是亂倫，在斷決上並不同於一般強姦男婦案例處以死刑。另，若不牽涉亂倫而只是單純的「和姦」案，則不論男女，依舊律（即《金律》）應判徒刑二年，而在元朝多依《金律》減罪一等或二等。例如上述「和姦有夫婦人」的案例中，姦婦即以徒刑一年，並去衣受刑八十七下；媒合人「於姦罪上減一等」，判徒刑一年，單衣受刑五十七下結案。

（四）因姦殺人

由於元代對「姦非罪」的刑罰頗重，因此亦不乏由和姦進而演變成謀殺案者。《元典章》四十二〈刑部四・因姦殺人〉，「因姦殺人偶獲生免」條載：

> 東平路歸問到閔興兒狀招：不合與孫鑌兒妻梁當兒通姦，於至元三年（1266）十一月二十一日夜拐帶本婦人在逃，於二十二日用棒將梁當兒打死，至天明本婦還活，在後因傷雙腳脫落。罪犯梁當兒招伏相同。閔興兒法司擬謀殺人已傷事理。舊例：謀殺人徒三年，已傷者絞。其閔興兒處死。部准擬，呈省准擬斷訖。梁當兒法司擬舊例：姦有夫婦人徒二年，又和姦本條無婦女罪名者，與男子同，合徒二年。來申勘當得：本婦兩腳脫落，係二肢廢。舊例：二肢廢，同篤疾。又舊例：犯罪時雖未老疾，而事發時老疾，依老疾論。又舊例：年八十以上及篤疾犯反逆殺人應死者，上請盜及傷人者亦收贖，餘皆勿論。其梁當兒所犯不係盜傷人之罪，部准呈訖省准呈，免訖。（頁 27～28）

以上事例，除了再次點明「姦有夫婦人徒二年，又和姦本條無婦女罪名者，與男子同，合徒二年。」外，並反映了如下幾點：

1. 因姦殺人，一律以謀殺論罪。

2. 犯姦者，「犯罪時雖未老疾，而事發時老疾，依老疾論。」是無須論罪的。

（五）二度犯姦

承上所述，雖元代對和姦者處以「斷放」，但若干兩情相悅或劣根不改者亦會再次犯案。對於這種多次犯姦者，元代有「刺配」的處罰與規定。《元典章》四十五〈刑部七·凡姦〉（下）「腹裡犯姦刺配」條載：

> 至元二十五年（1288）七月行御史臺承奉江淮行省箚付：近據浙西道宣慰司呈：該為男女犯姦，斷罪撒放，姦夫常川配役輕重不均。今後姦夫姦婦初犯，依在先體例斷放，若是再犯，刺面配役。（頁16）

那麼，「刺配」的具體施行情形如何呢？僅就刺字而言，或許我們可以想像，臉上的刺字決不是今日的「淫蟲」二字，那會是什麼呢？關於這一點，《元典章》〈犯姦再犯〉裡有更清楚的敘述，文載：

> 大德元年（1297）九月，中書省咨湖廣行省咨湖北湖南轉運司呈，安陸府長壽縣申：民戶鄭青狀招，既於至元二十一年（1284）與李阿王通姦，被夫李友亮拿獲到官斷訖，自合改過，卻不合於元貞元年（1295）九月節次與洪阿張通姦，至元貞二年（1296）正月十九日夜又與本婦於鄰居王世家內姦宿，拿獲告發到官。山南江北道廉訪分司官先將鄭青面刺「犯姦二度」四字，將本人轉發金場運司收管配役。

但關於此案的處罰方式，各級官僚有很多意見，以致衍生出許多斷例，原文甚長，茲據《元典章》四十五〈刑部七·凡姦〉歸納如下：

1. 札魯忽赤照勘至元二十四年（1287）七月二十四日尚書省文字裡，男子婦女通姦呵，姦婦根底斷了放了，姦夫根底長川配役，輕重不等。這的以前姦夫姦婦初犯呵斷了放了者，第二遍再犯姦呵（除姦夫配役外，姦婦亦）教配役。

2. 元貞元年（1295）四月十九日屬真定的安喜縣裡住底喬楨小名的人，文字告家的媳婦喬阿趙和管夫的李溫小名的人，一處在先通姦了來（第一次沒被發現告官，所以沒斷判）。第二遍通姦將著（私奔）逃走（才被發現，並告到官府），來的問了招了。晃忽禿為頭札魯忽赤每太保，根底商量了一百七下斷了來。

3. 大都兵馬司申中書省委各衙門審囚官人每斷了來的罪囚一項,侯西兄小名的人,和冀阿郭小名的婦人,一處通姦呵,打斷了來第二遍通姦呵。九十七下打斷了來奴婦通姦來的,第二遍通姦呵斟量著斷了放。

4. 犯姦經斷再犯,既於札魯忽赤照勘得不曾刺配,今後擬於本犯上加二等斷罪。(下冊,頁 16〜17)

也就是說,元代除了對二度犯姦的姦夫是面刺「犯姦二度」四字,並予以收管發配勞役外,依上引,二度犯姦者亦有如下幾種處理方式:

1. 第一次通姦,姦婦斷放,姦夫配役;再犯,姦夫姦婦均配役。

2. 第一次通姦雖沒被發現,但在第二次通姦時被發現到官,雖不依例配役,但處罰必須較重。

3. 第一次已案發到官斷放,第二次再犯到官,亦可「量著斷了放」,無須配役。

4. 依上述第三種情況者,「於本犯上加二等斷罪」。

類似「犯姦再犯」這個案例般於公文往返多所討論,並不厭其煩地檢索案例者,在《元典章》中不時可見,亦見元代對「犯姦罪」的重視程度。只是,在《元典章》中亦常見有類似案件卻有不同的判決結果者。對於這種情況之產生,除了與元代律法之混亂直接相關外,亦有斷案官員之主觀判斷的影響,但並不能就此論斷元代律法對「犯姦罪」的輕視或質疑其立法精神的輕佻。事實上,在筆者全面地檢視《元典章》中關於種種姦罪的判例後發現,若干清晰易懂的大原則及方便施行的具體條文,還是得到一貫地落實的。例如,「強姦」與「和姦」的區別在《元典章》裡即有極為清楚的界定與刑責規範;姦案之媒合人(多為女性)罰責較輕並得著單衣受刑,而姦婦往往被判去衣杖責,其主要用意即責其不知恥也。此外,元代對姦罪的處罰雖然嚴厲,亦也有對身患重度疾病者法外施恩的成例〔註 11〕;另有姦生子女分屬父母的規定等〔註 12〕,俱是較無爭議且成為普遍的判決依據者。例如在「赦前犯姦

〔註11〕《元典章》四十五〈刑部七,凡姦〉下冊,「篤疾犯姦免罪」條:「至元八年十月二十一日尚書刑部覆文該來申:任用刁姦路貴妾,於都聲招伏,俱兩目盲,即係篤疾,省部相度各人雖有所犯,既是篤疾,難議科決,仰將各人疏放,內於都聲,分付伊夫路貴收管施行。」

〔註12〕《元典章》》四十五〈刑部七‧姦生子〉下冊,「姦生男女」條載:「至元十年兵刑部擬為煙儕與李望兒通姦,刁引在逃。李望兒節次生到男女四口。除斷

告發在後」的例子裡，封斌與張興之妻通姦逃亡，而封斌之父封德已私下給了張興錢物，而換得張興的休書，因此「不合治罪」。但判令姦生子孫隨父，是血緣上的認同與歸屬；而姦婦復歸本夫，則肯定了丈夫對妻子的所有權。在處分裁判上可謂層次分明了。〔註13〕

（六）主奴相姦

一般平民百姓若犯姦罪，其罪責如上。然而，在異族統治下階級意識高漲，社會階層明顯的元代社會裡，上、下階層間之男女通姦亦屬常事，在《元典章》中亦有相關之刑罰規定。這些規定除了有以下犯上的刑責規定如「跟隨人姦品官妻個行處死」、「奴姦主妻女犯人處死」〔註14〕，亦有「奴婢相姦」、「良人姦他人婢女」的記述。《元典章》四十五〈刑部七・奴婢相姦〉，「奴婢相姦」條載：

> 都堂送下耶律丞相宅軀口王布只兒，問得招伏，不合於至元五年（1268）三月內帶酒，將一般身丘高德興、張賽兒說合，與本婦當夜通姦一遍。罪犯及取到姦婦張賽兒狀招相同。法司擬即係奴婢相姦事理。舊例：良人姦他人婢女者杖九十，奴婢一同。又和姦本條無婦人罪名，與男子同。其王布只兒並張賽兒各合杖九十，內張賽兒去衣受刑。部擬各斷四十七下。（下冊，頁20）

〈奴婢相姦〉這個事例除了表明「良人姦他人婢女者杖九十」外，較令人感到興味且不解的有兩點：

1. 姦夫王布只兒事先帶酒與高德興、張賽兒說合，所以這個和姦案不僅姦婦同意，我們也可以合理推測姦婦之丈夫應獲得某種好處，所以也是事先同意的。怪的是，如何事發？事發後又爲何獨以該丈夫免刑罰？

遣外，將姦生男分付伊父煙骸償，姦生女分付姦婦李望兒。省准擬。」（此事例亦見於《通制條格》卷四）

〔註13〕《元典章》四十五〈刑部七・凡姦〉，「赦前犯姦告發在後」條載：「眞定路申：歸問到軍戶封斌招伏：於中統二年（1261）十月初六日，拐帶張興妻阿丁在逃，父封德興訖張興物折銀二定，和勸要訖休書。至元四年（1267）告發到官。法司擬：雖准休和，其封斌及姦婦阿丁赦後依舊通姦。依照舊例：姦者徒一年半，有夫者徒二年。其姦夫封斌、姦婦阿丁各合徒二年，姦生子孫隨父，姦婦決訖付本夫。部擬緣封斌父與訖張興鈔二定，自願休棄不合治罪，其張興所受錢物亦不合追徵。姦生男女隨父，姦婦阿丁分付本夫張興收管。呈奉省箚依所擬行下本路照會。」

〔註14〕《元典章》四十五〈刑部七・諸姦〉（下），頁1。

2.既然「舊例：良人姦他人婢女者杖九十，奴婢一同，又和姦本條無婦人罪名，與男子同。」那麼爲什麼法外施恩只「各斷四十七下」？亦不可解。

對於上述第一點疑問，今已不可考，至若高德興事先獲得好處容姦，所以量情輕斷的推測，或可由下列「夫受財縱妻犯姦」之事例得到旁證：

中都路申：歸問到李文玉招：不合於至元五年（1268）五月十九日，有賣酒郭娘娘媒合王媚嬌，令文玉與訖伊夫高德仁錢物，與伊妻王媚嬌通姦。罪犯王媚嬌並伊夫高得仁狀招相同。李文玉法司擬即係和姦有夫婦人，合徒二年，決徒年，杖七十。部擬既是伊夫知情，量情決四十七下。王媚嬌法司擬舊例，合徒二年，決杖七十，去衣受刑。刑部擬四十七下。高得仁，法司擬：即係和令人犯法事理。舊例：子孫之婦主中饋、傳祭祀，其祖父母、父母和令與人通姦，既子孫之婦於法有罪，其在祖父母、父母即從和令犯法同坐。其高得仁同王媚嬌姦罪徒二年，決杖七十。部擬即係敗壞風俗，量情決四十七下。媒合人郭阿燕法擬於王媚嬌等罪上減等，合徒一年半，杖六十七。部擬杖三十七。（《元典章》四十五〈刑部七・縱姦〉下冊，頁 8）

值得在此指出的是，元代律法雖然對風化事件極爲重視，刑罰的規定也頗爲詳備，但「奴婢相姦」與「夫受財縱妻犯姦」事例中的縱姦丈夫分別獲得免罪與輕罪，卻也爲元代的「犯姦罪」製造了法律漏洞。這個法律漏洞可由原先僅准許丈夫兄長等捉姦報官，到立法「通姦許諸人首捉」（官方立法允許一般人眾捉姦報官）的有效性窺見。《元典章》四十五〈刑部七・縱姦〉，「通姦許諸人首捉」條載：

大德七年（1303）十一月日，江西行省准中書省咨，鄭鐵柯陳言事內一件縱妻爲娼，各路城邑爭相傚傚，此風甚爲不美，且抑良爲賤者，待告而禁，終不能絕。若令有司覺察，或諸路人陳首，但有此等，盡遣從良。有夫縱其妻者，蓋因姦從夫捕之條，所以爲之不憚，若許四鄰舉覺，但從姦斷，或因事發露，則罪及四鄰，自然之畏，不敢輕犯。得此送刑部議得：人倫之始，夫婦爲重，縱妻爲娼，大傷風化，若止依前斷罪，許令同居，卻緣親夫受錢令妻與人同姦，已是義絕。以此參詳：如有違犯，許諸人首捉到官取問明

　　白。本夫、姦婦、姦夫同，凡姦夫決八十七下，離異。若夫受錢，
　　逼勒妻妾為娼，既非自願，臨事量情科斷。相應都省准擬依上施行。
　　（下冊，頁9）

由此可知，通姦條例從「因姦從夫捕」之條，演變到「許諸人首捉」，竟是因為有太多女人被丈夫逼迫從娼而來，若「待告而禁，終不能絕」。丈夫拿錢，妻子卻犯了姦名；妻子案發到官去衣受刑，丈夫拿錢卻沒事，確實「大傷風化」、「已是義絕」。惟這種情況的產生，應與下階層民眾缺乏謀生之資，乃習慣性地將女性當成生財工具有關。關於婦女與財貨觀念的關係，並不是本文內容所能容納，將為文另作說明。

二、強姦幼女、官員犯姦與亂倫

　　在上一節中業已說明元代律法對於強姦與和姦的判決。雖然個別的案例略有不同，但大體上和《元典章》〈諸姦〉之斷罪條例是相當的。該條例對強姦與和姦的斷決規定為：[註15]

1. 和姦：和姦無夫婦人杖七十八；和姦有夫婦人杖八十八；男女同罪；謀合人減一等。十歲以下幼女雖和同強。
2. 強姦：強姦無夫婦人及十歲以上女，杖一百七下；強姦有夫婦人，處死。婦人不坐。

　　在上列刑責規定裡，除了強姦罪較重外，另有兩點值得注意的地方：（一）不論是強姦或和姦，姦有夫之婦的罪行均較無夫婦人多一等。（二）十歲以下幼女雖和同強。

　　就元代無夫婦人而言，約有未嫁處子、寡婦、離異歸宗等，她們與有夫婦人的最大不同當然是她們沒有丈夫。為什麼姦無夫婦人的刑罰較輕一等？這或可從元代將婦女視為財貨的觀念來理解吧？由於元代聘金極重，因此丈夫的「財產權」有必要獲得法律的保障，因此，有夫婦人被姦，姦夫需對該丈夫所付出的龐大聘金負責，因此被責以較重的刑罰？不論如何，元代律法對丈夫之於妻子的所有權是極盡保護的，除了姦有夫之婦刑罰較重外，還給予丈夫捉姦殺人免罪、丈夫若不提出告訴則「指姦革撥」的權利，也因此，以致有丈夫受錢容姦的情形發生。上述種種姦案除了因姦殺人留待後述外，其它的都已在上一章中予以敘述了。

〔註15〕《元典章》四十五，刑部七，諸姦（下），頁1。

基於丈夫因付出龐大聘財而擁有對妻子之所有權的認識，筆者當質疑：守節、處女等觀念雖在明、清以下倍受重視，但誠如賴惠敏與徐思泠的研究，下階層民眾因為娶妻不易，產生不少通姦、拐帶等情事〔註16〕。類似的情況，在元代也是有可能發生的，雖然因為資料的限制，我們無法詳細得知所有犯姦者的身份背景，但我們卻可以從種種的犯姦案的情節關係中得知，對這些犯案的人而言，貞操觀念在婚姻關係中所扮演的角色可能並不如想像中的吃重。因此，僅就元代姦罪案例予以觀察，所謂保護婦女、重視守節等有助維護風化治安與善良風俗的律法，相較於對丈夫財產權的重視，這一點點道德其外，箝制婦女實其內的衣裳可能顯得微不足道了。再加上明顯能減清男方負擔的收繼婚俗的影響，明、清以降「娶妻必處女」的觀念可能在元代並不受到過分的看重。相反的，由於當時普遍早婚（十歲成年可嫁），小媳婦多無能力處理家務或從事生產勞動，因此，就財產觀念而言，「有婚姻經驗」的婦女的勞動力與經濟價值是較處女更高的〔註17〕。也因此，在對比元代律法對丈夫財產權的保障下，「十歲以下幼女雖和同強」之立法確見保護婦幼的人道主義精神。以下，本章先就《元典章》中關於強姦幼女的案例作一表述，再依次敘述官員犯姦與亂倫。

（一）強姦幼女

在元代，強姦幼女的情況可分為兩種：若強姦十歲以下幼女為死刑，十歲以上者處一百七下；若該被姦室女剛好十歲，則「更為審問是實，就便依例歸斷」，也就是說，是否滿十歲是主要的斷罪依據。延祐二年（1315）二月就發生一起滿十歲的女童被強姦案，依法「強姦十歲以上室女例，斷一百七

〔註16〕詳參賴惠敏、徐思泠，〈情慾與刑罰：清前期犯奸案件的歷史解讀〉，于《近代中國婦女史研究》（6），1998年8月。賴惠敏、朱慶薇，〈婦女、家庭與社會：雍乾時期拐逃案的分析〉，于《近代中國婦女史研究》（8），2000年6月。

〔註17〕之所以言「有婚姻經驗」而不言「再嫁」乃因有許多婦女不能再嫁，只能由夫家收繼。關於守節與再嫁觀念的衍變，筆者於《宋代民婦之角色與地位》與《宋元之際婦女地位的變遷》已有所論。大要言之，理學之為統治工具肇始於元·完成於明清，而對婦女貞節之重視亦頗符合此一時程，也就是說元代是個過度時期，這從種種限制婦女的法令規章可見一斑。但我們也必須知道，人類社會的現象有共相，也有殊相；而各階層也有各階層的共相與殊相，質是之故，中上階層所重者有可能是下階層所不避諱者，貞操守節之講求，於中上階層而言，所重者在道德層次以及財產不外流；但對下階層民眾而言，怎麼活下去恐怕才是重點。

下，十歲以下者例合處死。」而被強姦的女童陳歸娘巳十歲，最後比照至元十一年（1274）四月杜奴奴強姦張城則一十一歲女賽賽之例，以「強姦十歲以上室女擬斷一百七下體例」論處。〔註18〕

上例中所提到的「賽賽被姦案」在《元典章》中另有記載，兩者極可能是同一案例〔註19〕。然而，這種以被姦幼女是否滿十歲為斷案依據之規定，在元代並沒有獲得一體通行，最終的斷決結果通常還參酌了姦夫的年齡在內。《元典章》裡所載「姦八歲女斷例」即為具體的案例：

> 皇慶元年（1312）七月日，福建宣慰司呈：奉江浙行省箚付：准中書省咨：浙東道宣慰司備紹興路沈明四告：姚細僧將伊八歲女阿妹姦污等事。送據刑部呈驗，會到元貞二年三月呈奉中書省箚付呈奉省判：湖廣省咨鄂州路備威寧路申：胡堅年一十四歲，將王阿黃女，六歲女王丑娘強姦，取到本人招伏，請定奪。事送本部，照得至元二十九年（1292）二月初九日，前中書刑部歸問到一十四歲張拾得強姦四歲女，決一百七下。呈奉都堂鈞旨，准擬施行。奉此，本部擬得胡堅所招強姦幼女王丑娘，罪犯本人年一十四歲，比例量擬杖一百七下，相應都省准呈除外仰照驗施行。奉此，除遵依外，今承見奉本部議得犯人姚細僧所招年一十四歲，不合姦要，沈明四八歲女沈阿妹，罪犯雖和，合同強姦論罪，比例決杖一百七下。備姦小女沈阿妹雖有招涉，難議科罪，具呈照詳得此。都省唯擬咨請依上施行。（卷四十五〈刑部七・強姦〉下冊，頁4）

由此可知，若有十四歲之青少年強姦四歲、六歲、八歲等十歲以下幼女者，其處罰一律是一百七下。這與「強姦幼女處死」的規定有著從生到死的巨大差異。或許，元代亦有類似今日「未滿十八歲」的罪犯予以改過自新的機會？惟不論如何，對未成年少男處以一百七下之僅次於死刑的重罰，亦可見元代律法對未成年少女的保護，對「強姦罪」的嚴懲。元代對「強姦罪」刑罰之重與嚴，即便是未成強姦事實的性侵害事件亦是一般。

關於性侵害，在上一章中已舉有《元典章》中「近腹肚下摸訖一下」之

〔註18〕《元典章》四十五〈刑部七・強姦〉，「強姦幼女處死」條，頁4～5。
〔註19〕《元典章》四十五〈刑部七・強姦〉（下）「姦幼女」條載：「至元十年四月初二日，中書刑部來申歸問到杜奴奴招伏強姦張絨則一十一歲女子賽賽。罪犯乞明降省部照得強姦十歲以上室女擬斷一百七下。今據見申仰依例施行。」頁2。

案例，此外，另有對幼女進行性侵犯者。《元典章》「老年姦污幼女」條載：

> 大德元年（1297）七月江西行省據告吉州路申：潘萬三告幼女茂娘
> 被李百一用手插破陰門事。歸問得李百一桂狀招：年七十五歲，與
> 潘萬三原有仇嫌。大德元年（1297）三月十三日見潘萬三九歲幼女
> 茂娘，用膏藥誘引來家，起意姦污報復舊恨。用右手第二指插入潘
> 茂娘陰門內剜破出血，有潘茂娘叫喊疼痛，撒放還家。潘茂娘狀指
> 相同。議得：李桂所招年七十五歲，雖是用手損壞潘茂娘九歲身，
> 難同強姦科罪，擬將李桂決杖一百七下，依例罰贖。乞明降事，省
> 府相度：李桂所犯，即係敗壞風俗，原情尤重，依准所擬決杖一百
> 七下，仰就更斷遣施行。

以當時聘金之重，侵犯處女明顯有礙將來聘金的行情〔註20〕（財產權的侵犯）不談，僅就「老年姦污幼女」案例中被視為「難同強姦科罪」的性騷擾事件處以一百七下，亦不可謂刑罰不重了。或許，這裡面也可能含有「強姦幼女處死」的考慮，所以「死刑可免，活罪難逃」地處以重刑。

元代對十歲以上婦女的通姦案以成年婦女視之，只有十歲以下女孩的通姦案才予以另行立法保護。約略而言，與十歲以下幼女通姦者，不論強姦或和姦，在罰責上一律以強姦死刑裁斷，若有「難同強姦科罪」的特殊情況則減死一等。然而，必須在此指出的是，上述之斷例與較統一的斷決結果是經過一段長時間的意見整合而得的，絕非依賴金朝舊例就能獲得一體遵行的。在《元典章》四十五〈刑部七・強姦〉，「強姦幼女處死」條中載有多則十歲以下幼女被姦的案例，但犯罪者的刑罰輕者杖四十七下，重者處死，可謂差異懸殊，而所以有此差異，或因斷事官依據前例輕斷，或因受害人家屬受財私和，對比之下，被依法處死者，可謂倒楣備至了。但這種處置不一的情況在迭經討論後，終有修正，文載：

> 照得姦有合強，罰有輕重，若執法不一，刑無不濫。伏睹聖朝立法
> 以來，令臺察提調審理，蓋欲其平也。今類徐保強姦五歲幼女張鳳
> 哥，盧州路追勘明白，罪當處死，省委審囚官撓法任情，擅斷六十
> 七下，本道廉訪司糾其不平。刑部既不能比依條例定論，又不以省
> 委官枉錯問罪，援引幹脫兒赤斷事官已行違錯事理，擬將類徐保貼

〔註20〕以元代的習慣而言，訂婚而犯姦者，原夫可退婚。也可以以經濟考慮選擇迎
　　　　娶，但可少付一半的聘金。

斷以此參詳。徐保所犯既已斷訖，固難再擬處重，然幹脫兒赤等官擅斷之事，即非久遠，定例若循，今次所擬，竊慮以後因仍差失長惡滋姦，深爲未便。今後合令刑部明立斷例，遍行中外遵守。若官吏違例差斷，亦合定擬罪名，似望刑政歸一。呈奉中書省箚付送刑部議得，今後若有強姦幼女者，謂十歲以下，雖和以同強擬，合依例處死。如官吏違例差斷者，臨事詳情區處。如准所擬，遍行中外遵守，相應具呈照詳，都省准擬除外仰照施行。（《元典章》四十五〈刑部七・強姦〉，「強姦幼女處死」條，下冊，頁2～4）

由上述可知，「審囚官撓法任情」在元代應是司空見慣的事，且「斷事官已行違錯事理，擬將類徐保貼斷以此參詳」等不但不承認自己的違錯，並相互援引違錯的斷例爲自己辯護亦多，因此才有該官員發出「姦有合強，罰有輕重，若執法不一，刑無不濫。」的深沉諫言。雖然筆者無法確定，是否自此以後強姦幼女的斷罪趨於穩定，但至少可以指出，「犯姦罪」在元代應不是公訴罪。據〈強姦幼女處死〉中所載「王解愁強姦郭晚驢訂婚妻李道道，年九歲，有郭晚驢要訖王解愁布四十疋，白水縣官司准攔斷訖王解愁四十七下。」可知，姦罪是可以私下談判賠償事宜的。犯姦者既已給予苦主賠償並私和，後又因故到官，姦夫的罰責多因此而減省，甚至還得以追還財貨。這種情況在元代司法裡似又成爲另一種規範，不能一律以「執法不一」概括。

（二）官員犯姦

特權階級或達官顯貴依恃特權強姦人妻且往往無罪，史不絕書，演義小說與戲劇更深刻地體現了人民的哀嚎。元代也不例外。《元史》即指出：

刑以懲惡，國有常憲。武備卿即烈，前太尉不花，以累朝待遇之隆，俱至高列，不思補報，專務姦欺，詐稱奉旨，令鷹師強收鄭國華妻古哈，貪其家人畜產，自恃權貴，莫敢如何。事聞之官，刑曹逮鞫服實，竟原其罪。輦轂之下，肆行無忌，遠在外郡，何事不爲！夫京師，天下之本，縱惡如此，何以爲政！古人有言，一婦銜冤，三年不雨，以此論之，即非細務。臣等議：宜以即烈、不花，付刑曹鞫之。

德以出治，刑以防姦。若刑罰不立，奸宄滋長，雖有智者，不能禁止。此者也先鐵木兒之徒，遇朱太醫妻女故省門外，強拽入內，姦宿館所。事聞，有司以扈從上都爲解，竟弗就鞫。輦轂之下，肆惡

無忌，京民憤駭，何以取則四方！臣等議：宜遵世祖成憲，以姦人
命有司鞫之。（脫脫，《元史》卷一七五〈張珪傳〉，頁 4076～4078）

由此可見，雖有正直的官員屢以彈劾，但終元一代，特權階級強姦人妻多以無罪收場。針對這個歷史事實，筆者無意在強調元代律法對「犯姦罪」予以重視之餘，從斷簡殘篇中尋找權臣因犯姦而被斷獄的事例以自圓；事實上，一兩個孤例也證明不了什麼。權臣所以犯姦無罪，此非關刑罰法律，而是出於皇帝與權臣之間的默契，是一種有意的視而不見的縱容。

上述這種特權階級的肆無忌憚、藐視王法，似乎在各朝代均有所聞，也不獨元朝有此現象，或許，其中的差別不過是個案的多寡與殺雞儆猴的頻率高低罷了。細究各朝代權貴強搶民女的細節詳情，並將之與元代的情況加以比較，這雖是個有趣的題目，卻不是本文的重點。本文所關注的還是元代律法處理官員犯姦的態度。在這裡，筆者認為「權臣」與「一般官員」犯姦是必須分開處理的，也唯有如此才能較清楚地看出元代律法看待「犯姦罪」的態度。所謂的權貴或權臣因為隨侍左右，可以上達天聽，直接受到皇帝的保護，因此，對於犯姦權臣的縱容，與其說是元政府之整個行政系統的有意忽略或不重視，毋寧說是出於皇帝個人對這些權臣們的寵愛與縱容。事實上，若一般品官無法承歡天顏，在沒有「聖眷甚隆」的保護傘下，若犯姦，則《元典章》裡即有清楚地罰責條例，並附載不少在職官員犯姦而受到處罰的例子。《元典章》〈欺姦囚婦〉條載：

至元二十一年（1284）八月，福建行中書省據汀州路來申，謝阿丘告姐夫張叔堅兄張十習學染匠師弟陳生來家，將阿丘近腹肚下摸訖一下，告到人匠提領所，將阿丘、陳生監收。有謝押獄嚇姦訖。除干犯人陳生量情斷罪外，據謝旺所招欺姦囚罪犯，府司不曾斷過如此體例。誠恐違錯，乞照詳。事得此省府議得謝旺所招欺姦囚婦謝阿丘，罪犯量情擬杖一百七下，合下仰照驗，當官再審，已招別無冤抑。依上斷決，省會罷役施行。（《元典章》四十五，刑部七，嚇姦（下），頁 7）

這名欺姦囚婦的押獄被判刑一百七下，刑罰之重與強姦罪或翁姦男婦的亂倫同樣，可謂極重了。照道理講，欺姦的性質應與今日男生哄騙女生上床一般，女生所圖的若不是男生甜言蜜語的愛意便是其他現實利益，就犯案事實而言應屬和姦。這名押獄不論是「嚇姦」或「欺姦」，想必是如三國演義故事般地

「以利害關係說之」，故得囚婦同意通姦。不論如何，總之囚婦在通姦當時是沒有反抗的，是事後反悔的，無論如何是稱不上強姦的。押獄之所以因「嚇姦」或「欺姦」而被科以「強姦」的罪責，是因爲它利用職權的關係。利用職權，以「欺」、「嚇」等手段達成「和姦」，是元代律法所不允許的，所以該押獄予以加重治罪。

押獄固屬小官，然在《元典章》中更有品官犯姦加重治罪的例子，《元典章》四十五〈刑部七‧闕民姦〉，「職官犯姦在逃」條載：原任參議的徐紹祖，「因閻二嫂媒合，與木匠周德進妻徐小春就閻二嫂家內二次通姦，被唐勝寶等就姦所捉獲。」事後，姦婦與媒合人均受到議處，獨獨徐紹祖因在事發現場，及時付了遮羞費給周德進等人，乃能從容潛逃。以此御史台認爲：

> 徐紹祖職受三品，犯姦合行加等治罪，既是在逃，竊恐前去江淮等
> 處行省，並各衙門冒名求仕，或諸路避罪，淫亂不改，欺壞風俗。
> 若不根捉得獲，痛行斷遣，使姦淫之人不知畏懼，何以勸善黜惡？」
> （下冊，頁 21）

堅持捉拿到案。類似的案例在《元典章》四十五〈刑部七‧官民姦〉，「職官犯姦杖斷不敘」條則載有「百戶劉順姦占南陽府民戶何大妻室王海棠，公事取訖招詞，各斷八十七下。」不過未遭革職。事後，中書省主張應比照「至元二十三（1286）年四月，前神州路敘浦縣丞趙璋與莒甪妻陳迎霜通姦」而被革職之例，勒令百戶劉順「除名不敘」。基本理由係因趙璋等爲「祇受敕牒官員，專治一方，爲民儀範」，卻「不務守愼」，故不宜「再行敘用」。

上舉數例可知，元代的官員犯姦，除了受到加倍的處罰外，亦有「職官犯姦，依例斷罪不敘」〔註21〕的成例。所謂「淫亂不改，欺壞風俗。若不根捉得獲，痛行斷遣，使姦淫之人不知畏懼，何以勸善黜惡？」可見元代對「犯姦罪」的重視，及其對一般官員在「色」字關頭的道德要求。元代律法不僅重處通姦民婦之官員，甚至也不許官員們找樂戶女子買春。《元典章新集》〈刑部‧諸姦‧職官犯姦〉，「縣尉將樂女姦宿」條提到：

> 江甯縣魏縣尉同上元縣張縣尉，延祐六年（1319）正月初九日，各
> 官將引弓手周二等，將成女張姣姣，並男婦奔子叫同於應家樓上飲
> 酒嘔唱罷，各官將姣姣等姦宿一夜，與成中統鈔二定二十兩。

最後中書省以魏居仁、張義等所犯雖是輕罪，但也因其「職專補盜，不以巡

〔註21〕《元典章》四十五〈刑部七，諸姦〉（下），頁 1。

警為心，就於散樂婦人張姣姣、王阿楊家飲酒，更形寅夜同宿，俱係命官，污濫不法。合准江浙行省所擬，各笞四十七下。」〔註22〕

樂戶雖是賤籍，但非以賣淫為業，而禁官員與之通姦，實也是防範官員藉職權欺壓百姓，其意與禁官員與部民通婚的道理是一樣的。不過正因樂戶究屬賤籍，且上例之張成有收受魏居仁、張義等錢財，乃以「污濫不法」等道德理由，責以四十七下的「輕罪」，不過是不是能普遍性的嚴格實施就有待詳考了。

在《元典章》中另有一個特殊事例。這個事例並不是官員犯姦，而是官太太犯姦罪。內容是：鄧海與鄧四兩兄弟經人介紹去尋訪劉五提舉為他倆找差事，沒想到卻因劉提舉家身丘婦趙海棠的仲介，而與劉五提舉的妻子阿孫通姦。尤有甚者，阿孫埋怨丈夫劉提舉已是「十二、三年不曾來我行宿臥」，希望和鄧海遠走高飛，而身丘婦趙海棠則大力促成，於是便發生一件拐逃私奔案，文載：

> 以此，海對劉提舉道，小人待往大都去也。劉提舉齎發鈔一定，馬一疋。辭罷劉提舉，卻與弟鄧四前去楊州買馬回來，卻到高郵，於三月二十二日與弟鄧四刁引劉阿孫、趙海棠逃走大都，事發到官招伏，罪犯是實。姦婦劉阿孫狀招年三十八，無疾孕，係大都雜造孫總管親女，自十六歲嫁與劉五提舉為妻，有生到男劉犍兒一十六歲，及身丘婦趙海棠招伏無異。鄧四在逃未獲，即將鄧海、劉阿孫、趙海棠發下大都路司獄司收禁，大都審復無冤。議得姦夫鄧海所犯，若依常例決杖八十七下，卻緣本人當跟逐劉提舉尋覓勾當，與本官正妻阿孫通姦，又弟鄧四與本官姑媽趙海棠通姦，同情刁帶劉阿孫、趙海棠在逃，罪盈惡稔，敗污風俗。姦婦劉阿孫係官們良家之子，又係與勳業故劉行省親男劉提舉品官為妻，已有長立男兒，與隨行尋覓衣飯人鄧海通姦，背夫在逃，情理深重，其各人難同凡人相姦例，斷擬各處死。相應遍諭諸路，庶使後人不犯。馬丘婦趙海棠終經劉提舉寵幸，聽從阿孫謠言媒合，與鄧海通姦，又自與鄧四通姦，背使在逃，擬斷一百七下。呈此照詳，得此箚付御史臺審問，各人已招是實。實行間，身丘婦趙海棠在禁病死。都省議得鄧海、劉阿孫所犯即係有傷風化事理，依准部擬，俱各處死除

外，仰照驗施行。〔註23〕

這則案例若僅是從主奴相姦，或不同社會地位者的通姦案論，「依常例決杖八十七下」，但因爲姦婦是品官之妻，因此「難同凡人相姦例」，爲「遍諭諸路，庶使後人不犯」，該品官之妻乃成爲殺雞儆猴的犧牲品，「斷擬處死」。雖然本文不免爲劉阿孫「那廝十二、三年不曾來我行宿臥」的說話而感嘆，爲劉阿孫是否因爲失寵於丈夫而被設計仙人跳而有所懷疑，對於元代律法「不教而殺」的殘暴行爲感到殘忍，但這些都不是本文所應關注的重點。若就探討元代律法對犯姦罪的態度而言，品官犯姦與品官妻犯姦的處理事例確已足夠予人印象深刻了。或許再換個角度說，站在統治者的立場，官僚及其妻子的行爲關係到統治聲譽與對人民的指導規範作用，以元代對品官妻的貞操的從嚴要求〔註24〕，無外乎上例之劉阿孫要慘遭比常人爲苛的處罰了。

（三）亂 倫

隨著社會的開放與交通的便利，男女婚媾的禁忌已不如古代頑固刻板，而諸如同姓不婚等觀念也幾乎在生化科技的進步與基因複製技術的成功下不再受到重視，但是，因爲近親遺傳的弊病所衍生出來的婚媾禁忌與道德違禁──亂倫，在現代中國人的觀念裡仍是無法抹滅的。由此亦可想見，在元代人的觀念裡，亂倫是何等嚴重的罪行！《危太樸文集》裡即記述有危素本人在裁判翁姦男婦案件時所秉持的看法：

> 高原富民劉強通其子婦。婦訴官達刑部。吏受賕，欲變其獄以俟赦。
> 公（危素）以事關倫理趣如法論之。（危素，《危太樸文集》附錄，頁482）

那麼，亂倫的刑罰在元代到底有多重呢？這可由下列個案例清楚地知道，《元典章》四十一〈刑部三‧內亂〉，「翁戲男婦斷離」條載：

> 至元十年（1273）三月十七日，中書兵刑部據平陽路申：絳州正平縣董文江招狀：將男婦福怜用言調戲，及揣抹手足，晝夜搖撼房門。罪犯府司原其本情雖未成姦，已亂人倫尊卑之禮，於理合令高福怜與伊夫離異。乞明降事省部依唯所申，令高福怜與伊夫董綿和離異

〔註23〕《元典章》四十五〈刑部七‧主奴姦〉下冊，「品官妻與從人通姦」條，頁18～19。
〔註24〕元政府禁止品官妻改嫁與接受封贈的規定均與宋朝大異，詳見游惠遠，《宋元之際婦女地位的變遷》，台北：新文豐出版公司，2003年，頁277～280。

歸宗。據董文江所犯,仰本路就便依理決斷施行。(頁27～28)

又《元典章》四十一〈刑部三‧內亂〉,「強姦男婦未成」條又載:

> 泰安州申歸問得軍戶孟德狀招,不合為男瘦兒見在軍前當役,於至
> 元三年(1266)十月初二日夜,帶酒走去男婦胥都嫌房內,將胥都
> 嫌按住,舒舌頭於本婦口內,欲要通姦,被胥都嫌將德舌頭咬傷,
> 告發到官。罪犯法司擬即係通姦未成事理。依舊例,合行處死,胥
> 都嫌與夫家離異。部擬終是不曾成姦,量情杖決一百七下,仍離異。
> (頁27)

由以上之事例可知,公公強姦媳婦的亂倫行為在元代是唯一死刑。以翁姦男
婦受理的案件,不管是否有成姦之事實,被強姦的媳婦必須與夫家離異歸宗;
斷離夫家是定則,而強姦男婦的公公最高可判處死刑,輕則亦有百下不等的
杖罰。雖然在「強姦男婦未成」的這個案例中以「通姦未成事理」、「量情杖
決一百七下,仍離異。」但在元代聘金極重的環境下,這個偷雞不著蝕把米
的勾當亦可謂賠了夫人又折兵了。亂倫的刑罰在元代確實是極重的。

同樣的亂倫事件,在《元典章》裡亦有姦親生女兒者,而這樁亂倫案竟
是在自己的妻子,也就是孩子的媽媽的誘說下而形成的,文載:

> 醫人張楫狀招:不合信從妻阿白誘說,於至元五年(1268)八月初
> 三日節次將女季春引問意欲姦要,九月初二日一更前後披著襖子前
> 去季春房裡,於季春被兒裡頭並頭宿臥,欲行姦要,被妻插和房門
> 叫人驚覺,不曾成姦。張阿白狀招:不合與夫張楫共議,令姦親女
> 情罪,本管官司將張楫斷訖一百七下,張阿白斷訖五十七下。此係
> 重刑違錯,移准中書省咨:該張楫所犯,欲姦親女雖不成姦,其傷
> 風敗化,情理深重,既已杖斷,責在本管官司,若為追問緣係格前,
> 今後隨投下人戶,但犯姦盜重罪等事,並從有司約會本管官司,一
> 同理問定斷,毋得有徇,別致違錯。除已箚付刑部,遍行隨路依上
> 施行。(《元典章》四十一〈刑部三‧內亂〉,「欲姦親女未成」條,
> 頁28)

由上述事例可知,與亂倫相關的姦情是重罪,官方並得約會各管官司一同理
問定斷,是在元代頗受重視的案件。

就元代之法律層面而言,亂倫固然有明文規定予以重罰,但事實上,具
體之案例往往是多樣而必須隨時斟酌的,這也是現代法學界必須嚴肅面對的

「立法永遠趕不上社會變遷」的事實。好比五服之外的同姓通姦算不算亂倫？
在元代的司法審判下，他們如何看待這種通姦事件？最終的裁斷是較一般通
姦罪加重刑罰或予以減刑呢？如果沒有具體的史料，一個歷史研究者將如何
探討同上述問題一般花樣百出的兩難案件呢？不論如何，僅就上述「五服之
外的同姓通姦算不算亂倫」這個問題，所幸《元代法律資料輯存》裡的一則
事例提供了我們一個確切的答案。這個案例是這樣的：

> 至大元年（1308）十二月，江浙省咨：湖州路程開八與五服外族姪
> 女孫通，議雖係服外，終是同姓，量擬加等，各杖九十七下。（《元
> 代法律資料輯存》，〈刑統賦疏通例編年〉，浙江古籍出版社，頁
> 189）

由此可知，若姦情與倫理稍有牽扯卻也稱不上亂倫者，在元代的判決往往是
較一般通姦罪罪加一等。但這個案例可以在千年後的今天出現我們眼前，純
粹只是個例外中的例外。除了「與五服外族姪女孫通」算不算通姦的疑問，
我們當可依現今的複雜社會景況，設想元代當有更多介於亂倫／非亂倫之間
的通姦行為；好比金庸小說中膾炙人口的楊過小龍女的師生戀等。但是，就
好比歷史假設將不能成為嚴肅的歷史命題一般的，這些與元代斷獄官為難的
設想也都是沒有意義的。就本文探討元代律法對「姦非罪」之看重與否的研
究立場而言，獲得了一個「事涉曖昧則從嚴辦理」的答案業已足夠矣。

三、因姦殺人

在《元典章》的案例中，因姦殺人或傷人主要有兩種情況：一是姦夫被
殺；二是本夫被殺。一般而言，若姦夫被本夫所殺，本夫多無罪開釋，最嚴
重的情況也不過是以一般鬥毆事件受理；反之，若是本夫被姦夫或姦婦所殺，
則一律以謀殺案斷理，屬於重大刑案，而不再是「輕罪」了。

（一）殺姦夫

在元代，「犯姦罪」若不是「姦所捕獲」，便需經過通姦當事人的到案審
判並「招伏明白」，否則光憑他人一面之詞的指證，是無法獲得法律承認的
〔註25〕。這也是為什麼在文獻史料或稗官野史裡常有「捉姦」的故事出現的
原因。奇怪的事是，在《元典章》中僅有本夫因捉姦在床進而殺姦夫之案例，
卻無「丈夫與人通姦，妻子殺姦婦」之例？為何如此，本文亦不擬深究了。

〔註25〕詳見《元典章》四十五〈和姦有夫婦人〉，〈刑部七‧和姦〉（下），頁 6。

在這一小節中主要探討的是殺姦夫。因爲本夫在「姦所捕獲」姦夫之故，被戴綠帽的丈夫往往與姦夫姦婦爆發肢體衝突，甚至鬧出人命，這種情況在《元典章》中亦歸屬於「因姦殺人」之列。惟在探討殺姦夫案例之前，有必要先對「姦所捕獲」（即今日所謂的「捉姦在床」）予以了解。原文雖長，但因有分析的價值，仍摘錄如下：

> 東平路申：歸問到成武縣祇候人李松爲招：至元二年（1265）三月十二日隨逐邵縣令夫人上墳，帶酒，將把魂棒一條。還家，聽得屋內妻阿耿叫道：這先生好沒道理，道這般言語。松入屋內見陳寶童帶酒，與妻阿耿用手將衣裳廝碎。定問得妻阿耿稱道：這陳寶童拖著我，道咱兩個睡些個去來。松發意用棒將本人行打，又用拳腳踢打，以致本人身死。罪犯部擬合行處死，並徵燒埋銀五十兩。呈奉中書省箚付，差斷事官曲出高宣使前去審斷，本人稱冤。就問得狀稱委曾親見陳寶童按著妻阿耿腰上，將本人毆打身死。成武縣張令使取狀本人道，若你說這話你出醜，則道扯著待強姦來也，好以此隨張令使言語招詑，及李阿耿。張令使各各招伏是實。正犯人李松，法司擬舊例：諸姦者雖傍人皆得捕擊以送官司。格法准上條，捕罪人已就拘執及不拒捍而殺，或折傷之，各從鬪殺傷法，罪人本犯應死而殺者徒五年。其李松合徒五年。又招節次指責不實，舊例：詐三品官不實杖六十，事發更爲合行累科。今李松合得本罪徒五年，並重犯杖六十，仍於本人名下追徵燒埋銀五十兩。部擬量情決六十七下，徵燒埋銀五十兩。省擬比及聞奏以來，將李松召保疏放。李松妻阿耿，法司擬舊例：強姦婦女不連坐。避怕監收要罪，止說陳寶童將衣裳碎著，若擬不實定罪，緣已被強姦，不坐，今雖有招涉不合治罪。部擬呈省准免罪。（《元典章》四十二〈刑部四‧因姦殺人〉，「打死強姦未成姦夫」條，中冊，頁26）

在上述的案例中，值得注意的「劇情轉折」有如下幾點：

1. 扯碎衣裳與按著腰上是兩種不同的情況。依元代的認知，按著腰上才足以構成強姦事實。

2. 阿耿起初因「避怕監收要罪」，李松因怕「出醜」，所以兩人皆僅稱說陳寶童的調戲言語及將她衣裳扯碎的事件。但這卻不足以構成陳寶童犯強姦罪的事實，也因此無法使打死姦夫的李松免罪。

3.若無強姦事實，則李松打死人合該處死，因此才有後來的「稱冤」，招
出陳寶童按著阿耿腰上的強姦事實。

在「稱冤」並察明確實後，先不論因姦殺人之罪，僅依舊例（金律）「詐
三品官不實杖六十，事發更為合行累科。」之規定，李松與阿耿便需科罪。
在這個前提下，就上述案件發展之經過，依舊例及兩人的犯行動機，其判決
如下：

1.李松原先因為沒有強姦事實而殺死陳寶童被判處死刑的判決得到翻
案，以「法司擬舊例，諸姦者雖傍人皆得補擊以送官司。格法准上條補
罪人已就，拘執及不拒，捍而殺或折傷之，各從鬥殺傷法，罪人本犯應
死而殺者徒五年。」之故，因此「李松合得本罪徒五年，並重犯杖六
十，仍於本人名下追徵燒埋銀五十兩。」最後卻法外開恩，僅以「部擬
量情決六十七下，徵燒埋銀五十兩。省擬比及聞奏以來，將李松召保疏
放。」達成判決。

2.阿耿的狀況較複雜，可分別由被強姦及未被強姦兩個層面來看。若被
強姦，則因「強姦婦女不連坐」，因此無須被科以「詐三品官不實」的
罪罰。若沒被強姦，則自然無「詐三品官不實」之事由，亦無須被責
罰。因此，不論阿耿有沒有被強姦，「今雖有招涉不合治罪」，因此無罪
罰。

這個「打死強姦未成姦夫」之事例，因牽涉到「出醜」、「稱冤」、「詐三
品官不實」等「案中案」事由，因此變得頗為複雜；類此犯姦案例在《元典
章》中並不常見。事實上，在元代若有本夫打死姦夫，其判決往往是很輕的，
甚至免罪。《歸潛志》即載有王晞為友人打死姦夫無罪開釋的事實。

> 王副樞晞子明·自布衣時慷慨以俠聞，其友人出遊久，妻與一僧私，
> 既歸，晞以告其友，無如之何。晞教之復為遠出計，治裝即歧而他
> 寓。夕造其家，見僧之趨，啟軒以逃，晞伏軒外以鐵簡迎擊，僧腦
> 出而斃。明日，晞詣有司自陳其事，有司義而釋之。〔註26〕

在這個故事中，王晞為友人「設計」殺死姦夫是事實，但我們若將之稱為「謀
殺」固然過分，以之稱為義行而無罪開釋也未免誇張了些。但對於這種情況，
若能了解元代「打死姦夫不坐」、「諸姦者雖傍人皆得補擊以送官司」的法律

〔註26〕元、劉祁，《歸潛志》卷十，華文書局，頁 268～269。

認知，便不覺得突兀了。事實上，「打死姦夫不坐」、「諸姦者雖傍人皆得捕擊以送官司」的案例在《元典章》中比比皆是。如「權令使與梁娥兒通姦，伊夫任閏兒於姦所捕獲，奪到權令使所執木拐棒，於權令使囪門上打傷，本人又行爭鬥，用麻繩綁縛行打，因傷身死。」法司以「致命去處係始初捕獲時囪門上打傷之痕」，只輕罰六十七下，而姦婦梁娥兒則依通姦罪，斷八十七下〔註27〕。又如張驢兒在抓姦的同時因與姦夫劉三發生拉扯，「恐氣力不加，用刀子扎了劉三一下。本人（劉三）走到東河邊身死。」結果張驢兒獲得無罪判決，文載：

> 張驢兒法司擬舊例，和姦有夫婦人，雖傍人皆得補擊以送官司，而罪人持杖招捍，其捕者格殺之，及走逐而殺者勿論。今張驢兒就姦所捉獲其劉三，到將張驢兒頭髮捽挽不放，拒敵上被張驢兒用刀子扎傷身死。其張驢兒雖有招伏，不合治罪。部准擬，省准免罪。
>
> （《元典章》四十二〈刑部四，因姦殺人〉，「打死姦夫」條（中），
> 頁28）

除了打死姦夫不治罪之外，也不必按元代司法慣例向殺人者徵收「燒埋銀」，《元典章》四十三〈刑部五〉，「打死姦夫不徵埋銀」條載金忙古歹、范德友、鄒文興及劉黑兒等人均因抓妻姦而打死姦夫，不但無罪穫釋，更不徵燒埋銀，茲錄劉黑兒之案例以明之：

> 順元路備祈州申歸問到，劉黑兒狀招：至元四年（1267）十二月三十日夜，撞見劉豬兒與妻說話，以此潛心；等到至元五年（1268）二月初七日夜，梁信家暖神還家，聽得房內有人與妻說話，黑兒喝道是誰，其人不語，黑兒疑是劉豬兒，取到撥刀向前扎害，其人卻將撥刀頭拿住相奪，黑兒奪了，將劉豬兒扎傷身死，又招不合將無柄撥刀不行納官。罪犯奸婦劉阿周狀結，除先於至元四年（1267）八月內與劉豬兒爲頭通姦外，至元五年（1268）二月初七日夜被夫就屋內捉獲，將本人扎傷身死。罪犯及犯人家屬與訖苦主燒埋銀二定，告乞減刑。省部斷訖，奸婦劉阿周一百七下，本夫劉黑兒黃夜就姦所拿獲其劉豬兒，又將劉黑兒撥刀拿住相奪，爲劉黑兒所奪，扎傷身死，合行勿論外，據撥刀無鑽柄，難做軍器定罪。苦主劉順元要鈔二定，依例還主（劉黑兒）。已經准擬，札付本路。燒埋銀兩

〔註27〕《元典章》四十二〈刑部四·因姦殺人〉中，「打死姦夫不坐」條，頁28。

不須追理去訖。(《元典章》四十三〈刑部五〉,「打死姦夫不徵燒埋
銀」條,頁 15)

由此可知,在元代不論是等待機會的預謀捉姦,或是因偶然捉姦而起爭執,
不論是丈夫或義父打死姦夫多無罪疏放,且無需賠償燒埋銀。但是換一個條
件來說,如果本夫沒有當場捉姦且是因為當場捉姦而起爭執殺人者,反而是
在頭頂綠油油之後才興起報復行動、進而殺死姦夫者,在這種情況下,本夫
是需要受到刑罰的。《元典章》中即載有一則烏龍事件,故事是該受姦婦人以
為摸上自己床上的是丈夫,不明究理之後才發現自己被欺姦,因而引起丈夫
殺死姦夫的經過及判決。《元典章》四十二〈刑部四・因姦殺人〉,「殺死盜姦
寢婦姦夫」條載:

> 冠氏縣申:歸問到張記住狀招:至元五年(1268)七月十二日晚,
> 記住於驢屋內宿睡,喂驢;妻王師姑於西屋北間宿睡。至五更起
> 來,見妻王師姑對母阿高告說:「伊姑舅兄楊重二來房內暗地欺騙我
> 來。」以此挾恨,將楊重二用刀札死。罪犯王師姑與張記住狀招相
> 同,狀稱:當夜五更師姑床上睡著,有人將師姑驚覺,想是夫張記
> 住,以此通明也不做生活去呵,卻來睡則麼?本人不曾言語,上床
> 將師姑姦罷。師姑用手摸著禿頭,才知是楊重二,本人走了,告說
> 婆阿高是實。法司擬舊例:強姦有夫婦人者絞。今被張記住用刀子
> 札死即是殺死應死人,捕罪人以就拘收及不拒捍而殺,各從鬥殺傷
> 法,用刃者以故殺傷論罪人,本犯應死而殺者徒五年。其張記住合
> 徒五年,決徒年杖一百,部擬杖一百十七,省准斷訖。((中),頁
> 28~29)

在上述〈殺死盜姦寢婦姦夫〉的判決方面:

1. 被強姦之婦人因不是自願,所以糊塗無罪。若婦女是與姦夫和姦,則姦
   婦依金朝舊律徒二年,惟多代以杖決為處罰;自六十七至一百七下不
   等,差距懸殊,亦似無確切之標準可循。

2. 「欺姦」等同於「強姦」,姦夫之刑罰依金律罪該絞。

3. 丈夫未能當場捉姦,卻於事後殺之,乃依「鬥殺傷法」論罪,而無法與
   「捉姦在床而殺之」之完全免刑相提並論。惟在此案例之最終判決上,
   刑罰還是鬥殺輕了許多。原應判處五年的徒刑,先是「決徒年杖一百」,
   後又變成「杖一百十七」。

這種減刑措施或許與元代法律認可丈夫殺姦夫的行為有關。也或許，在元代不論是何種情況的本夫殺姦夫行為，大多能套用《元典章》裡的習慣用語「斷了」、「放了」結案吧。

另一方面，對於風化案件的現行犯雖有所謂「諸姦者雖傍人皆得補擊以送官司」的明文，但是如果因此而不小心地打死姦夫，偏偏打下致命一擊的又不是姦婦之丈夫或父親（義父）等長輩，而是姦婦的兒子等小輩，那麼，依然是「死刑可免，活罪難逃」，仍須受到刑罰。《元典章》中載有「男打死母姦夫」的案例。該案例中，兒子雖然事先受到父親的授權，等待機會代父殺姦夫，事成，還是要受到處罰的，只是處罰以近極淺，僅「五十七下」意思意思而已。若是未獲得事先授權，打死姦夫者又是與本夫無任何親友關係的「閒雜人等」，則可能因此稱不上「義舉」，自然需處以一百七下的重罰了。若是姦婦之未婚夫，縱使有婚約，以未成親故，仍與其他人無親友關係者一同，均以凡人鬥毆致死論罪。〔註28〕

〔註28〕《元典章》四十二〈刑部四·因姦殺人〉，「打死訂婚夫還活」條載：「舊例，丈夫依禮有三月廟見，有未廟見或就婚等三種之夫，並同夫法。其有剋吉日及定婚夫等，准不得違約改嫁，其餘相犯並同凡人。」（中）頁26～27。同卷，「男打死母姦夫」又載：「至元八（1271）年正月，尚書省據刑部呈貞定路歸問得，郭驢兒因為王聚欺父郭喜眼昏，與母阿趙通姦不絕，遣趕父郭喜出外乞化，曾得父為我報仇語句，以此懷恨。在後因去探家，又見王聚與母阿趙一處吃飯，是驢兒將王聚肩上打訖一下，本人起來拿撲擔子還擊，驢兒用棍棒行打致死。罪犯本部議得擬將郭驢兒斷七十七下，姦婦郭阿趙斷八十七下，去衣受刑，干犯人郭喜免罪，仍勘當元要王聚錢物折鈔二十兩，如有見在，追付王聚家屬，如無免徵。乞照詳，都省參詳，仰將郭驢兒決五十七下，餘准部擬施行。（頁29）另「傍人毆死姦夫」條載：「至元十七年（1280）五月十九日行中書省准中書省咨該來呈，浙西道宣慰司呈平江路歸問到，吳千三狀招不合於至元十九年（1282）五月初一日，因為周千六嚇姦蘇小三二男婦吳二娘，勸和上被周千六用瓦缽頭毆打，其吳千三卻用紅油棍於周千六左耳邊臉上打訖一下，因傷於初二日身死，有伊父周小十一受託油米等物，將屍燒揚了當。按察司審問是實。除將吳二娘先行摘斷外，吳千三所犯，比依大名府徐斌毆死張驢兒，伊母阿許受託錢物伏例，擬將吳千三減死流遠，咨請照驗。為此送刑部議得，已死周千三生前嚇姦人，挾恨尋鬧，將勸和人吳千三毆打，致係本人還打邂逅身死。其伊父周小十一不欲告官，自願休合，將屍焚揚，即與徐斌毆死張驢兒伊母告休事理一體。若依全免，其吳千三終是用棍將周千六還打致命，比依前例頗重，以此參詳，將吳千三量情杖斷一百七下，徵燒埋銀五十兩給付苦主。相應都省准擬施行。（頁29～30）

—146—

（二）因姦謀殺

因爲是「謀殺」，所以殺人或傷人的背後多有其原因。在《元典章》所載錄的因姦殺人事件裡，以謀殺案定罪者就屬姦夫姦婦謀殺本夫爲多，另有一小部分是姦婦被姦夫所殺者。《元典章》四十二〈刑部四‧因姦殺人〉，「摔死姦婦」條載：

> 中都路申：遵化縣捉解到孔四兒，爲招：至元四年（1267）四月十三日拐帶王君義男婦劉當哥逃於潮陽洞通姦住坐，至十八日爲恐事發，將本婦賺到石崖下摔死。罪犯法司擬除通姦係輕罪外，摔死本婦罪犯合行處死，徵燒埋銀五十兩。部准擬，省准斷訖。（中冊，頁30）

又同卷，「殺死姦婦」條載：

> 眞定路申：歸問到冀州新河縣軍貼戶孫伴哥狀招：至元四（1267）年七月內爲頭與劉孫兒妻阿尹節次通姦，至至元五年（1268）六月二十二日夜就阿尹家內欲將本婦姦要不肯，隨順上用斧將阿尹砍死。罪犯法司擬除通姦係輕罪外，殺死本婦罪犯合行處死，仍追燒埋銀五十兩。部准擬。呈省准。斷訖。（頁30）

姦婦被姦夫所殺，其動機或爲殺人滅口，或因求歡不成，不論如何，「罪犯合行處死，仍追燒埋銀五十兩」是沒有任何疑意的。

但是，在《元典章》中，更多的因姦謀殺案件是謀殺本夫，如「打死定婚夫還活」條載：姦婦慈不揪已與孫歪頭訂親，卻和靳留住通姦，且暗示性的表明如果殺了孫歪頭，她願意跟隨靳留住，於是靳留住便「將孫歪頭賺到城上，推下來爲不死，將本人用磚棒打死，次日還活。」事發到案之後，法司根據「丈夫依禮有三月廟見，有未廟見或就婚等三種之夫，並同夫法。其有剋吉日及定婚夫等，准不得違約改嫁，其餘相犯並同凡人。」以及「謀殺人者徒三年，已傷者絞，已殺者斬。從而加功者絞，不加功者徒五年。又爲從不行減行者一等。」等規定，判令慈不揪「去衣受刑」，杖一百七下，並歸還聘財給孫歪頭家，令孫家別求妻室。

也就是說在元代律法的規範裡，訂婚妻除了對訂婚夫有婚約的約束力外，其他行爲關係仍同凡人，因此「今念不揪係孫歪頭定婚妻，合同凡人謀殺，爲從不行事理。」又由於慈不揪僅認同「你敢打死呵，我便與你做媳婦。」卻不曾眞正下手謀殺，因此以「從而不行減行者一等」論罪。有趣的是，既

因謀殺訂婚夫而在司法審判下解除了婚約,卻又因為元代的聘金實在太重了,以致「孫歪頭父孫福告無錢另求新婦,合無乞將本婦斷訖交付與男為妻,省准告,照依已行杖數決訖,分付與孫歪頭為妻。」對於這等事件,我們只能欽服元代法司斷案的層次分明與通情達理了。〔註29〕

僅從「打死定婚夫還活」的行文敘述上,我們無法確定慈不揪排斥這門婚事的主因為何,只能想像,果然未婚夫是個歪頭宿疾者,如何令慈不揪樂意嫁他?不論如何,經過了一番折騰,先是斷離,卻因孫家的要求,慈不揪還是宿命地嫁與孫歪頭為妻。這種純粹司法裁判與「無錢另求新婦」下的婚姻,確實令訴求愛情與人身自主權的現代人當無法設想他們日後的婚姻關係將如何,只能說,若再有妻子與姦夫合謀殺本夫之事件出現亦不令人感到意外吧。《元史》即載:「有民妻與卜者厭詛其夫,殺之,獄成,僚佐皆言方大旱,卜者宜減死,希憲議當伏法,已而大雨立應。」〔註30〕以此事例觀之,在元代司法的思考裡,妻子的婚姻生活快樂與否是無須考慮的,妻子僅需對丈夫無條件的順從便足夠了,如不然,天人共疾之。但以今日觀之,是否可稱之為社會的整體價值觀全面地對女性所展開的一種壓抑,甚至是壓迫呢?不論如何,妻對夫的無條件順從在當時是獲得普遍認同的,這點當無疑義。

有別於慈不揪的案例的,是王丑哥在訂婚之後與人通姦,結婚後仍私通不輟並進而同謀將丈夫殺了,事後「苦主劉恩要訖燒埋錢鈔六定,欄告休合官司,將謝英斷訖七十七下,王丑哥三十七下。舊例其本犯應徒已決杖笞者,則以杖笞贖直減徒刑。」但法司以「舊例:謀殺夫者皆斬,各合處死」,因此王丑哥等人仍處死。不過我們可從該案例的行文中得知,若僅因通姦而被判處徒刑者,是可以代以杖笞的,但因謝英所犯是死罪,因此雖然「謝英等杖罪斷訖,別無以杖折死體例,遂合處死。」可見,因姦殺人處死的刑罰在元代是沒有法律漏洞的。〔註31〕

同卷又有妻妾同時與他人通姦,進而謀殺親夫的案例。文載:

> 南京路李政等四人各招:至元元年(1264)十月內去何饅頭家吃酒,與何饅頭妻阿陳通姦。當年十月內,李政說合何饅頭妾何阿安與劉天璋通姦,在後劉天璋對李政道:「咱兩個數算何饅頭,咱要這兩個

〔註29〕詳細案情請見《元典章》四十二〈刑部四・因姦殺人〉(中),「打死訂婚夫還活」條,頁26～27。

〔註30〕脫脫,《元史》卷一二六〈廉希憲〉,台北:鼎文書局,1977年,頁3085。

〔註31〕《元典章》四十二〈刑部四・謀殺〉,「因姦謀殺本夫」條,頁3～4。

婦女做媳婦。」此時說知二婦人。至元二年（1265）十月二十五日，
何阿安向李政道：「俺小何城外拾橡子去了也。」李政與劉天璋前去
殺死何饅頭是實。法司擬：李政、劉天璋所指係謀殺人已殺事理。
劉天璋為首，李政從而加功，各合處死在卷。……外據何阿安所招，
令姦夫將夫打死，舊例：謀殺夫者皆斬，各合處死。（《元典章》四
十二〈刑部四·謀殺〉，「因姦謀殺本夫」條，頁3～4）

上例中雖然沒有交代何饅頭（也無須交代）平時是如何看待他的妻妾，但就
好比《孟子》中的齊人之妻妾一般，妻妾所以同仇共憤，當有因由才是。何
饅頭之妻妾既皆與人通姦在前，又與姦夫同謀殺夫在後。所謂的「買賣不成
情義在」，雖然元代聘金制度確實像極了買賣，也可能何饅頭對待他的妻妾確
實不善，但能狠下心來「令姦夫將夫打死」，果然稱得上「恩斷義絕」，由此
或可想見何饅頭與妻妾之間的夫妻關係了。這種妻子對於丈夫的無名怨恨（時
至今日，我們以無法探知因由的恨意）可能是很熾烈的，或可謂非「殺人放
火」無以洩忿吧，當然，這種採取激烈手段的婦女也是得付出自己的生命作
為代價的。《元典章》四十五〈刑部七·凡姦〉，「犯姦放火」條載：

大德五年（1301）五月尚書刑部據濟南路申：祝巧兒與王四通姦，
欲隨逃走，被夫劉馬兒捉獲，勒詑生死文字，在後放火燒詑房舍，
及將小姑賽兒燒死。公事，法司擬：姦婦祝巧兒合行處死，姦夫王
四擬九十七下，媒合人王環奴減一等。本部備呈，奉省斷：祝巧兒
處死，王四決杖八十七下，王環奴四十七下。行下斷詑。（頁14）

又《元典章》四十二〈刑部四·謀殺〉，「因姦同謀打死本夫」條載：

南京路申：鄧州解到石山山，為招至元五年（1268）正月十四日為
頭與傅歸鄉通姦，在後，本婦發意與石山山同謀，於三月二十日，
山山將伊夫小王打死，割斷兩耳。……石山山，法司擬：即係謀殺
人已殺事理。舊例：謀殺人已殺者斬，其山山合行處死，追燒埋銀
五十兩。傅歸鄉，法司擬：舊例：妻妾殺夫者，斷罪無首從。其傅
歸鄉合行處死。所犯惡逆決不待時。部准擬。呈省准。（頁4）

由上列事例可知，妻妾殺夫者，因係「惡逆」，不論是主謀或幫兇，一律處死；
而姦夫殺死姦婦也是唯一死刑。若有姦夫或姦婦只是在這常因姦殺人案中單
純地犯了「和姦罪」，沒有捲入謀殺案中，往往僅判處較輕的刑罰，反之，若
亦捲入「因姦殺人」的謀殺案中，亦處以死刑。

行文至此，筆者亦無需諱言對若干殺夫之姦婦投以「想當然爾」的同情；雖然筆者並不認同「殺人放火」的暴力行為。姦夫姦婦謀殺本夫的原因固然有許多，但《元典章》之案例在獲得「招伏明白」後均不予以細究，因此我們亦無從得知其中原委了。雖然如此，在《元典章》之於案情的交代中，或許我們仍能從案件發展的前因後果中從事一點合理的歷史想像：當時這些姦婦殺夫的主要原因可能是為了追求愛情？也可能是對丈夫的反抗？當然也有可能只是單純的流於逸樂而罔顧人倫道德的通姦犯？雖然道稱「因姦殺人」乃為戀情未免過分，無奈於遣詞用字的不精確，筆者只能合理的懷疑「為愛情而因姦殺人」的理由，可能是元代婦女普遍被視為財貨的因素所造成的。當時婦女對於自己的婚姻多無自主權，完全處於被動地位，如案例中所示的：「那廝十二、三年不曾來我行宿臥」般的婚姻當不在少數，更不論「夫受財縱妻犯姦」，「已是義絕」！若有姦夫愛我憐我，我難道終身守著枷鎖不隨他去？本文當然不鼓勵殺夫的行為，在本文中也不擬深究因姦謀殺本夫的原因為何，也不擬誇張其普遍性與合理性，只是借此篇幅點出筆者所見到的點點「歷史無奈」罷了。時至今日，可能在元代典集中不太容易尋獲類似今日家庭暴力因而殺夫般的，可以讓和姦婦人之姦行合理化或人性化的說辭了；但，這並不是不可能發生的事情。或許，因為妻子相對於丈夫是卑幼，是處於絕對服從的地位，所以縱有如此事實，案例上亦不會予以重視深究並加以記載吧！隱惡揚善不也是歷史的職責？只是，歷史的教訓又教導我們多少「昨是今非」的道理呢？！

餘　論

基於主題的侷限，筆者僅處理有元一朝的犯奸案，檔案時間從世祖至元元年（1264）到英宗至治元年（1321），犯案的地點則遍及南北。在討論「通姦除罪化」的今日來看元代的犯姦案件及審斷過程，仍有以今視古的歷史趣味性，何況這些元代的案例仍有不少值得今人深思的地方。

其一，正如筆者於一開始所提出的質疑：只見本夫抓姦夫，卻未見正妻抓姦婦。這種貞操要求只規範妻子卻未規範丈夫，和今天絕對的一夫一妻制是有所不同的。

其二，基於對丈夫的活財產的維護，除非涉及亂倫，姦婦通姦被捕獲治罪之後，除非她的丈夫不要她了，並不會因此與原夫離婚。這種情況同於南

宋法：「在法：諸犯姦，徒兩年，僧道加一等。又法：諸犯姦，許從夫捕。又法：諸妻犯姦，願與不願聽離，從夫意。」但一個侵犯他人活財產的男人，下場就不這麼單純了，輕者杖責，重者被殺身亡，而本夫捉姦有理，通常輕罪了結，甚至無罪開釋。不過這種妻子與人通姦卻未離婚，我們不能逕自解釋說是遊牧民族對婦女貞操不重視的結果，若妄下這種論斷則有倒果為因之嫌，與其強調貞操，不如從婦女勞動力之重要性來解釋較為允當。基於此，婦女也可以是丈夫用來謀生的工具，包括縱容妻子與人通姦以取得生活資源，或者是父親或丈夫，在妻女與人通姦後，收取遮羞費而不加追究。婦女的財貨性質在這種情況下是非常明顯的。

最後我們要強調的是，一般人印象中以為遊牧民族不重視貞操的觀念是有問題的。至少我們自文案中得知，官方對犯姦的處理是相當謹慎的，文案往返、層層申覆，監察系統也嚴密監控，深恐違錯。犯姦案雖是告訴乃論，但若再涉及拐逃、姦殺，則嚴重危及治安，政府自然不能坐視不顧，而官員犯姦更涉官箴，處罰又更嚴重。至若幼女被姦已違人道，就非明正典刑不可了。

總之，犯姦是一種不正常的婚外性行為，其所引致的社會糾紛，與依法再婚（包括改嫁、再嫁）是完全不同的情況，元政府審酌情理，依法論處，也算是善盡父母官的功能了。

徵引及參考書目

1. 元·脫脫，《金史》，台北：鼎文出版社，1976 年。
2. 明·宋濂，《元史》，台北：鼎文出版社，1977 年。
3. 不著撰人，《明公書判清明集》，北京：中華書局，1987 年。
4. 《大元聖政國朝典章》，台北：故宮博物院，1976 年。
5. 《大元聖政國朝典章》（含《大元聖政典章新集》），台北：文海出版社，1964 年。
6. 《大元通制條格》，台北：華文書局，1968 年。
7. 元·危素，《危太樸文集》，于《元人文集珍本叢刊》（七），台北：新文豐出版公司，1985 年。
8. 金，劉祁，《歸潛志》，台北：華文書局，1969 年。
9. 《元代法律資料輯存》，〈刑統賦疏通例編年〉，浙江古籍出版社，1986 年。

10. 《元語言詞典》，上海教育出版社，1998 年。

11. 游惠遠，《宋代民婦之角色與地位》，台北：新文豐出版公司，1998 年。

12. 游惠遠，《宋元之際婦女地位的變遷》，台北：新文豐出版公司，2003 年。

13. 賴惠敏、徐思泠，〈情慾與刑罰：清前期犯奸案件的歷史解讀〉，于《近代中國婦女史研究》（6），1998 年 8 月。

14. 賴惠敏、朱慶薇，〈婦女、家庭與社會：雍乾時期拐逃案的分析〉，于《近代中國婦女史研究》（8），2000 年 6 月。

附錄二：從鋤頭、鍋鏟到筆劍
——談漢人婦女角色的變遷

摘　要

　　審思婦女地位的變化，必需放在宏觀的歷史脈絡中來看方能清晰而少情緒性，大凡文化的形成多為實際生活的不斷調適而來，而任何典章制度也有其現實上的考量與功利性的目的，但漢人以其複雜慎密的思想，又更使婦女在歷史上所扮演的角色與地位越發呈現多元的風貌，絕不是簡要的「男尊女卑」一詞可涵蓋，更不能以馬克思主義式的階級論述冒然的作兩極化的性別對立。

　　本文作為一通論介紹性的文章，主旨在點出著重人文觀念的漢人社會，其兩性關係或婦女角色在蒙元未入侵中國之前，即使是在男尊女卑的大前提之下，仍有不少互動的空間，直到蒙元統治中國，在畜牧民族以女性為家族財產、勞動力的觀念的影響之下，婦女的角色乃更為物化且強固地附屬於父系家族。不過在明清時期，因為資訊取得較前代容易，有不少婦女能在廚餘，借由一枝筆劍發抒自我，傳達她們對人生的深層感悟。這個現象是五四以來的知識份子所忽略的，也是當代人在看中國傳統婦女的狹隘之處。

一、引言——先說說漢人的人文思想

　　這篇短文，只是給我一個回顧與自我檢索的機會。學界從事婦女研究而又學有專精的學人何其多，哪輪得到我鸚鵡學舌？不過近年來在學習的過程中確有一些心得，或可藉此引來更多的批判，以使思慮有更加週延的機會。

我曾被婦研學者嘲笑「不夠女性主義」，甚或是傳統的執行者。但我在課堂上又老是被年輕人貼上「勁爆」的標籤，被男同事譏為有「被迫害妄想症」、「動不動搞性別對立」。無論此文帶給你什麼，她只是我的思考觀察的階段之一而已。

對台灣漢人的俗民文化而言，「孝孤」兩字是非常通俗且粗魯的罵人語，大有恥笑人貪嘴以及「嗟來食」的意味。但深一層看，「孝孤」其實有非常深厚的人文思想，四百多年來，唐山過台灣，或者葬身海底、或者水土無服、或者原漢械鬥而客死異鄉，人們憫其「無某無猴」流落異鄉成為孤魂野鬼，乃有孝敬孤魂野鬼之舉，台灣各地特重中元普渡即因此一歷史背景而來。而這種對人的深層關懷與敬重和漢人在三千年前就已成形的人文思想是有關連的，而原始儒家則是其中的重要代表。講親子關係，是「父父子子」，夫婦關係則是「夫義婦順」；反之，若「父不父」，則子難為子，夫妻關係亦然。蓋對距離野獸不遠的人類而言，超越自我是何其困難的大事，「無明」（非理性）成為常態，所以要「吾日三省吾身」，所以即使父母也有可能犯錯，因此孔子勸子女對失去理性的父母要「小杖則受，大杖則走。」不過稍加鬼靈精點的孩子則乾脆把棍子折斷！當然，這種對等式人倫關係的理想有其實際上的盲點存在，所以即使是講「君視臣如草芥，臣視君如寇讎」的孟子縱認同「事君父幾諫」，但對「三諫而不從」實也提不出更有力的對策。這種消極性由荀子的「禮」來補強，再由法家的法來進行制約，但法最後淪為保衛政權的工具，儒家的人文精神乃苟延殘喘的存在少數能制慾、能向本我挑戰的知識份子或里巷間通達而大智若愚的長者之中。時代轉進到佛教之興，「人身難得」明顯地是種中國式的信念，因此人人可見性、人人有佛性、均有待成就，這與西方基督教的「原罪」觀念大大的不同。在這種觀念的薰陶之下是不應該在能力與悟性上區隔出男女的。但正如「德主刑輔」「刑期無刑」幾乎成為歷代遙不可及的夢想般，男女兩性的和諧平等互動也只有在少數的個案中才看得到，女性在從母系慢慢過度到父系的過程中，逐漸的被「虛級化」，「無性」、「無聲」成為禮教之家的標準，這就是「五四」以來疾呼打倒孔家店之所由來，儒家背負了絕大部分無明之中國人的十字架。但我們並不能因此而否定女性在整個歷史長河中所扮演的重要角色，她可能沒什麼地位，甚至在名份上要附屬男性，但我們卻也能在各種的典籍中領略出她們其實是用種種迂迴的方法展現個人的特質與風華，她們或者站到台前，或者絕大部分藏身幕後，

多少也能贏得不少知識份子的讚嘆，甚至想盡辦法為其名垂青史留下軌跡，這恐怕也是東方婦女較西方婦女幸運之處？

二、母系社會是不是男人被踐踏的時代？

　　台灣的平埔族除了從祖靈祭祀還看得到母系社會的遺跡外，漢化的結果使家系結構均轉為父系；但阿美族及卑南族則仍保留母系結構，不過一些都市化的族人則漸漸轉為父系兼父權。另外在排灣族的部落中，名為父系，卻可看到母系或雙系的影子，直到今天，排灣族的家產繼承仍以長子女為第一順位，女性在父系家族中是被尊重的。不若漢人，女性在「房」結構的概念下，只是過客，即使憲法明文保障男女平等，當代仍有女性在習俗的要求下被迫簽署放棄家產的「自願書」。於是基進派女性主義（radical feminism）者大聲疾呼，希望扭轉父系價值觀，甚至解構父系、解構傳統的婚娶方式，期盼由科技來解決自體生殖的難題，建構一幅女性完全「獨立自主」的畫面。而保守男士們則期期以為離經叛道，對早上得自己上「麥當勞」解決早餐的男人趾高氣昂的指點「非真男人也！」筆者長期以來對這種非 A 即 B 的兩極化思維方式極感納悶，難道我們想不出更平衡的方法了嗎？不管女人是男人的一根肋骨造的？或 Y 染色體根本是「基因突變」，是「破碎而畸形的 X 染色體」〔註1〕？畢竟這世界各有一半的男人和一半的女人！

　　試看看我們還可清楚的觀察得到的母系社會風俗吧！

　　雲南的摩梭族地處高山，在經濟活動上，婦女負責拿鋤頭從事農作〔註2〕，男性從事犛牛運輸；婚姻生活上，直到今天仍有百分之七十的高比例持續古老的「走婚制」；在血緣傳承上，除了土司家以父系為主外，其他的摩梭家庭均以母系為主。

　　「摩梭母系家庭的一個特點，是人口多，代數多，家長（達布）主要由女性（母親或長女）擔任，她們管理著家庭經濟、生產生活的安排，主持一日三餐的祭祀等，另有一位男性長者（舅舅）負責出面主持對外事務及重要

〔註1〕 引自羅莎琳・邁爾斯（Rosalind Miles）著，刁筱華譯，《女人的世界史》，台北：麥田出版社，頁 26。

〔註2〕 據許倬雲的研究，農業是由女性發明的；此論也可證諸不少的文化人類學研究成果。此說的重點在男性從事狩獵工作，所能得到的資源並不穩定，反之，婦女因長期從事採集，得有機會觀察植物之繁殖，乃發明了農作且因此而掌握了經濟資源。許論請見氏著，《求古編》，台北：聯經出版社，1982年。

祭祀，故一般被稱爲內當家與外當家，但實際上責任大、擔子重的是內當家
——達布家長。」〔註3〕根據研究，永寧摩梭族會發展爲母系社會乃因男性長
期從事對外運輸工作，經年累月不在家鄉，爲了經濟社會生活的正常運作，
也爲了族群的正常繁衍，乃發展出以母系爲主的社會，但土司家則因權位的
世襲，一直保持著父系的制度〔註4〕。但其兩性分工與平權則令人留下深刻的
印象。

　　在白樺，《遠方有個女兒國》的描述之下，母系社會裡的男女關係是暢快
的，而男性的家族社會地位也是被尊重的，性與生育在這裡是自然、歡欣而
被期待。另外像廣西壯族的「青蛙祭」〔註5〕以及貴州台江地區苗族的男偶女
偶共舞的性愛場面〔註6〕，都成爲一種隆重的宗教儀式，所有和女性的生殖力
有關的一切均被歌頌著，絕無猥褻、鄙視、隱諱之情狀。這與父系漢人社會
以女性爲生育工具與逞慾的對象，卻又把所有和女性的生殖器有關的生理現
象視爲骯髒、污穢是大相逕庭的。

三、碩人其頎——先秦婦女風貌

　　或許是受到母系殘留的影響，先秦的婦女高大健美能幹，且看《詩經·
衛風》〈碩人〉以「碩人其頎」形容莊姜儀表長麗俊好頎頎然。另〈小雅·甫
田·閒關〉歌詠新婦：「辰彼碩女，令德來教。」都是形容女性健美而有德的
風采。且看《古詩十九首》〈陌上桑〉中羅敷所受到的讚賞：

　　　　日出東南隅，照我秦氏樓。秦氏有好女，自名爲羅敷。

　　　　羅敷喜採桑，採桑城南隅。

〔註3〕見和鍾華，〈摩梭母系家庭在當代的變遷〉，于李小江等編，《主流與邊緣》，
　　　　北京：三聯書店，1999年。

〔註4〕見和鍾華，〈摩梭族家庭的再認識〉，于李小江編，《性別與中國》，北京：三
　　　　聯書店，1994年。

〔註5〕壯族是個古老的稻作民族，每年在旱季末迎來春耕，因此急切渴望與水的降
　　　　臨崇拜青蛙的主要目的是求與豐收，第二個目的是祈求人類自身的繁衍。
　　　　詳見宋兆麟，《中國生育性、巫術》，台北：漢忠文化出版社，1997年，頁90
　　　　～103。

〔註6〕此爲當地的祭祖儀式，稱吃牯臟，分請祖、祭祖和送祖三階段，最後也有一
　　　　種交媾舞蹈，由三個男子扮演，其中一個男子在前面揩著女祖先雕像，一個
　　　　男子在後邊抱著男祖先雕像。兩人邊走邊舞，不時讓兩個祖先雕像作交媾狀，
　　　　旁邊有一個人用水槍向木雕像噴射酒糟象徵射精，圍觀者甚眾，其中求孕的
　　　　婦女都爭先恐後前去，並且比衣裙接之，認爲這樣才能懷孕。詳見上書，頁
　　　　199。

而在社會風俗中，春秋時期的齊國由婦女負責祭祀；甚至還有民家長女不嫁，名爲「巫兒」，專責祠祀之風。至於在生育觀念上，商王武丁曾爲妻子婦好的經期、孕期、預產期及生育是否順利而占卜祭祀，甚至還爲媳婦停經的事反復占卜，絲毫不若後世隱諱。〔註7〕

政治上如齊王之女姜氏力勸重耳以復興晉國大業爲重，別耽於逸樂，且還和謀士同謀灌醉重耳，強將重耳載離齊國的保護範圍，晉文公方成就了霸業。另如楚武王妻鄧曼與楚莊王妻樊姬均有遠識，前者能在災難未起之初預爲謀畫，使國家度過危機；後者則影響楚莊王撤換尸位素餐的虞丘子，改任孫叔敖爲令尹，終使楚國擠身五霸之列。從鋤頭到預眾人之事，這些婦女所表現出來的智慧以及不管在內在外所得到的尊重，皆與父系父權確立且伴隨皇帝制度的社會大大不同。此後的婦女就算有雄才大略也只能躲在男性的光環之下偷偷的進行，在男性書寫之下，在政治上有才能的女性往往被指爲「干政」，至於亡國的重責大任更可很輕易的轉嫁到貌美女子的身上。另外，即使是一般婦女在法律上也有一個特殊而矛盾的問題：婦女同於「卑幼」〔註8〕，一方面她在父系社會中必需負完全的義務，即所謂三從之義，因此若父、夫犯了謀反、謀大逆等罪，要跟著連坐；但如果婦人本身犯罪，卻又脫離父系成爲完全獨立的個體，只坐其身，不必波及親屬。從這方面來看，傳統婦女在社會裡所負的責任義務與其所應穫得的保障實不成正比〔註9〕。在日常生活儀節上，即使是當代的台灣，新婦在奉甜茶給夫家長輩的時候，在輩份上是降夫一級的，所以丈夫呼爲姑、伯、叔、嬸的，一律要添個「公」、「婆」，便成「姑婆」、「叔公」等等，豈非也是傳統兩性不平等的殘留？

四、追求良好的兩性互動

《世說新語》〈賢媛篇〉記許允娶阮衛尉女爲妻，阮女奇醜，成婚之後一進閨房掉頭即走，阮女捉住許允的衣襟不讓他走，許問她：「婦有四德，卿有

〔註7〕 參見牟潤孫，〈春秋時代母系遺俗公羊證義〉，于鮑家麟編，《中國婦女史論》，台北：稻鄉出版社，1992年。

〔註8〕 妻子相對於丈夫屬「卑幼」的身份在歷代法律都有規範，妻子必需以對待祖父母、父母般的尊崇態度來對待丈夫，例如妻子不能在丈夫犯死罪、被囚時作樂，不能檢舉丈夫、不能詭稱丈夫死亡、丈夫被人殺害不能私和等。但法律並未針對以上各項，規範夫之於妻的相對義務，可見妻子除了在名份上受到保障外，她對丈夫所負的是片面的義務。

〔註9〕 詳參游惠遠，《宋代民婦的角色與地位》，台北：新文豐出版公司，1998年。

其幾？」阮答：「新婦所乏唯容爾。然士有百行，君有幾？」許云：「皆備。」阮婦說：「夫百行以德爲首，君好色不好德，何謂皆備？」史稱許允因此感到慚愧，遂與阮女相敬如賓。宋朝有個叫范希周的人因災荒與妻子離散之後，只父子相依，不願再娶。而黃庭堅也在妻子去逝後「絕嗜慾」，不再婚娶。至於李清照與夫婿趙明誠、沈三白與芸娘之間的閨房之樂、性靈上的契合更成千古佳話。而像司馬光那種幾近多烘的形象偏偏娶了個好玩好動的妻子，其閨房中的對話只能用「有趣」來形容才能傳神〔註10〕。《孔雀東南飛》裡的劉蘭芝與焦仲卿，詩人陸游與唐婉均情深意篤，卻都因婆婆的不順眼，前者雙雙殉情，後者被迫離了婚。

　　以上這些事例至少反映一件事實：在所謂媒妁、父母主導下的婚姻並非沒有愛情的可能，只要男女兩性的能量旗鼓相當，即使在二千年以前的社會，夫妻關係絕非如一般人想像中的刻板與缺乏互動。甚至一個賢德明理的妻子對有時懵懂的丈夫也能起勸戒規範的作用，如《夷堅志補》〈保和真人〉條載獄吏王藻之妻勸其不要收賄，又有《夷堅三壬》〈懶愚道人〉條載何女白天爲人幫傭，晚上讀書，仍不斷的鼓勵丈夫向學。而《夷堅乙志》〈俠婦人〉條記董國慶的妾（董未娶）「見董貧，則以治生爲己任。罄家所有，買磨驢七八頭，麥數十斛，每得麵，自騎驢入城鬻之，至晚負前以歸。率數日一出，如是三年，獲利愈益多，有田宅已。」簡直是個女企業家了。怪不得宋人袁采要盛讚這類不脫流俗又能計算錢穀出入，「敦睦內外姻親，料理家務至於興隆者，皆賢婦人也。」（《袁氏世範》卷三〈睦親篇〉）

五、牲畜、牛羊與女人

　　蒙古人統治中國，對於漢人的婦女地位應是一個關鍵性的轉折點。

　　在元朝之前的宋朝女性，在個人的身體自主權上多少有保障，婚後不愉快，她可以主動求去，只要沒有過失還可以帶走嫁粧〔註11〕；如果丈夫死了，

〔註10〕元宵夜，司馬夫人向司馬光說：「我要出去走走。」司馬光說：「出去幹嘛？」夫人答：「看燈。」沒趣的司馬光指著他前面用來看書的檯燈說：「這不是燈？」夫人又答：「不只看燈，還有看人。」司馬光指著自己道：「我是鬼呀！」

〔註11〕《宋元話本》〈快嘴李翠蓮〉中李翠蓮被休，因道：「不曾毆公婆，不曾罵親眷，不曾欺丈夫，不曾打良善，不曾走東家，不曾西鄰串，不與李四亂，不盜不妒與不淫；身無惡疾能書算，親操井臼與庖廚，紡織桑麻拈針線。今朝隨你寫休書，搬去妝奩莫要怨。」

可以自行決定要不要改嫁或是守節；甚至為了不忍棄子再嫁或是為了亡夫家族的經濟利益，她可以選擇「接腳夫」與自己同居，一方面既可繼續擁有、營運夫產，另一方面又可滿足人性上的基本需求，這種例子恐怕在現代社會還被認為前衛呢！〔註12〕

週來大陸史學界對中國古代婚姻的看法頗多人云亦云的現像，只要是漢族的一定是反人性的、禮教吃人的，名之為包辦婚、買賣婚；而外族的婚制中只要存留一點點人性色彩的、一點點婦女自主的影子，便被解釋為原始社會的產物，所以如西夏明明限制了寡婦再嫁（公婆在不許再嫁），偏要抓住那孤寡孑然一身得自主再嫁的項目大作文章，說是黨項族未受漢族影響下的婚俗〔註13〕，完全忽視了西夏人以「贖出」這種貨品交換性質的字眼來形容寡婦之再嫁。縱觀漢人之典籍文書又何曾見過以這類的字眼來形容正式的婚姻的〔註14〕？職是之故，如蒙古人那種把婦女當作家族財產的「收繼婚」〔註15〕，反倒被形容為女權高漲的習俗，卻不管她是否有權力拒絕？等到元人入主中原，當少數蒙古婦女對她即將形成的「收繼婚」說「不」的時候，反被指為對封建禮教之低頭。而鮮少考慮到那可能是該女子第一次執行自己的個人意志。為了對抗女子自由意志之抬頭，以男性本位為主體的政府不得不祭出「不接受收繼必須立不改嫁誓狀」〔註16〕的大纛，以便把女貨牢牢的拴在自己的家族利益之上。〔註17〕

〔註12〕詳見游惠遠，《宋代民婦的角色與地位》，頁31。

〔註13〕見邵方，〈試論西夏的婚姻制度〉，于《民族研究》（4），1998年。

〔註14〕在漢人的禮制裡，「聘則為妻，奔則為妾。」（《禮記》內則篇，卷二十八）因此，妻子「正位乎內」，必需依禮聘娶，而「妾通買賣」（《唐律疏義》、《宋刑統・戶婚律》），等同於交易行為。婦女改嫁或寡婦再嫁，只要是為人正妻，禮聘均為基本原則，當然，吾人不否認有變相婚制——財婚——的存在，但像遊牧民族之明訂價格倒是少見的。

〔註15〕蒙俗，夫死，寡婦常由夫家庶子、伯叔、姪兒之類的男性親屬收繼。

〔註16〕收繼婚與蒙古文化中的財產繼承觀念密切相關，因婦女係因財貨或勞役而換得，夫死之後，夫家的財產當然仍為夫家所有，其寡婦不得自由改嫁而需由夫族收繼的經濟目的至為明顯，萬一寡婦再嫁他族，聘財也規原夫族所有，這和漢人寡婦再嫁必需由女子的直系尊親長主婚的是不同的。又元朝為了防止蒙古寡婦沾染漢人寡婦再嫁的習俗，嚴格限制寡婦攜夫產及帶走自己的妝奩再嫁，以致守節或收繼對於寡婦來說，是較好的選擇。相關研究詳見鄭桂瑩，《元朝婦女的守節與再嫁》，清華大學歷史所碩士論文，1995年。

〔註17〕蒙人與外族的各種大大小小的戰爭中，向以婦女為戰利品。而在家族中，婦女更被物化為家族財產的一部份，主因蒙人嫁女重聘財（所以女兒也是家族

這一切的變化都是在蒙古人入主中原之後才發生的事情，在元人未來之前，我們找不到任何限制寡婦再嫁的條文，而理學家也不過是道德勸說，並且守節還要建立在夫妻共同遵守的原則上。及至蒙古政權一來，婦女之為寶貨這一事實便假理學之手而牢牢箝住婦女的脖子，直迄明清而無法鬆綁。

以上的問題還反映出一個現象：近代許多中國人對漢族、漢文化是沒有信心的。自五四以來，他們拼命的自外來文化中尋找復活的元素，甚至認同於少數民族，為了帝國主義的壓迫，深覺漢文化是如此的令人難以抬起頭來。所以只要是主觀上認為不好的，便是漢人的；較有生命力的，便是旁人的。這種情況台灣亦然，所謂本土化是只願向原住民、日本文化作身分認同，也不可以認同漢文化，殊不知我們已經走到了文化創造的死胡同了。

六、水做的女人 〔註18〕

蒙元時期之後，婦女之為父母財、夫族財的附屬地位確立之後，政府更透過各種法令以達到約束或鼓勵婦女為父夫家族獻身的目的。根據鄭桂瑩的研究，元朝政府為了防止蒙古寡婦沾染漢人寡婦再嫁習俗，於是限制寡婦攜產（包括自己的嫁粧）再嫁，以致守節或收繼對於寡婦來說，是較好的選擇。相關對再嫁的限制如：

1. 從舅姑不得逼迫改嫁到舅姑得主婚且接受聘財。
2. 寡婦拒絕收繼婚需立下「不改嫁誓狀」，寡婦守節需長住夫家。
3. 婦人不得攜粧奩再嫁（大德七年，1303，「奩田需聽夫家為主」）。
4. 至大四年（1311）「命婦夫死不許改嫁」。

財產的一部份），若無聘財，男方則要到女方家服一定年限的勞役之後，才能把妻子帶回家。最有名的例子是成吉思汗（鐵木眞）的父親帶他到德薛禪家提親，議成之後把鐵木眞留在德薛禪家並留一匹馬當定禮。事見《蒙古秘史》。另外在西夏律文《天盛律令》與元朝法典《元典章》中都有聘財的等則規定，邵方認為如此可減輕嫁娶雙方的負擔，因而批評漢人聘財「無多少之限」是「嫁娶必取多資」的元兇。這好像說：貨品標上正式價格就不會漫天開價。想想似乎頗有道理，不過在此過程中正好坐實了婦女被視為商品的事實，即使男性以勞役交換取得妻子，其妻一旦歸入男性家族便等同家財牲畜，並無獨立人格可言。漢人的「聘財無多少之限」所重在一「禮」字，人身難得，男女皆然，豈十金、數百金可易乎？不過禮歸禮，當禮落到了人情世俗上，則審酌輕重便成為極複雜的問題了。但我們也不可遽以否認漢人「以雁為贄」的那份高潔與莊重吧！

〔註18〕 出自曹雪芹，《紅樓夢》。

5.延祐五年（1318）「失節婦不封贈」。〔註 19〕

容或法律與實際的生活狀況可能有所差異，但律令之設實亦反映出當代之主流價植，因此在元代之後，節烈婦女的數量暴增，婦女更經常以各種誇張突兀的行爲而爲自己的一生留下一鱗片爪。在《古今圖書集成》所列出的明代方志中記載的節烈婦女的數目令人震驚：總數近三萬六千人，其中三分之一的要麼自殺身亡、要麼抗辱受害。此外在〈閨媛典・閨孝部〉，明朝的六百一十九個案例中，婦女們爲了表示自己事父母翁姑至孝，分別在他們生病的時候進行以下幾近宗教儀式性的行爲，粗略作統計如下表：

割股 膃臂肉	吸吮爛瘡	割肝	割耳	割乳	斷指	斷臂	刺指血 胸血	嚐糞	哺乳婆婆
323 人	9 人	5 人	1 人	1 人	2 人	1 人	5 人	3 人	6 人

這種案例眾多，幾近傳染的行爲，筆者以爲已臻習俗化的現象。其中更有婆媳兩代分別爲自己的婆婆割股肉和藥而大穫時人稱賞之例，咸稱是「盡孝之報」〔註 20〕。當然她們大多數都得到朝廷的肯定而享旌表門閭的殊榮。凱薩琳・卡利茲指出，國家的獎勵制度是眾多貞女節婦生平事蹟背後的原動力。從元朝以來的法律規定，寡婦三十歲以前喪夫，至少守寡到六十歲，國家才能考慮正式承認她的表現。而在高度集權的明代，問題的關鍵是政治上的忠誠，這三十年的關鍵爲的是將寡婦的拒不變節戲劇化。尤其是年輕貌美的寡婦更富有戲劇色彩與香豔風味。〔註 21〕

不過在這種父系社會價值體系下，女子爲父系家族獻身的誇張風俗的另

〔註 19〕 詳見鄭桂瑩，《元朝婦女的守節與再嫁》，頁 64～92。

〔註 20〕 《古今圖書集成》，〈閨媛典〉第三十六卷，〈閨孝部・列傳五・明四〉，「唐某妻陳氏條」載：「按廣東通志，陳氏，瓊山人，適唐舟之子，舟家居澹泊，陳奉之未嘗缺乏，姑病危，陳晝夜廢寢食，焚香祝天，割股和羹以進，人無知者。姑訝羹美食之至，盡病遂。愈久乃覺，莫不嘆其孝。其子繼祖娶同邑教喻馮源女，名銀，字汝白，博通詩文能書史，有幽閒貞敬之德，奉姑極愛敬亦嘗割股，人謂陳氏盡孝之報。」這種淑孝之例，在〈閨媛典〉中多得不勝枚舉，不過在「閨淑部」的二百七十五例中旨在強調妻以夫爲天的種種貞順賢德之舉，包括輯和族里、孝養公婆、課子讀書、家計衰落時的承擔全家興亡之責，乃至有夫病也效法割股療疾之俗爲丈夫治病的。

〔註 21〕 參凱薩琳・卡利茲，〈慾望、危險、身體——中國明末女德故事〉，于李小江編，《性別與中國》，北京：三聯書店，1994 年。又明志中對受性侵害而死的婦女的描寫另人懷疑是爲記事？或是爲女體寫生，以滿足男性偷窺的慾望？如：小丫環目秋著她女主人的屍體在月光照耀的水中漂著……。

一面，仍有一群女子用另一種方法以實現自我的價值，據孫康宜的研究，明
清才女而有詩文集留下來的，多達二千四百人。「隨著出版業的興盛，女詩人
自己出版專集早已成爲一種風氣。她們不但希望得到當代讀者的讚賞，也渴
望自己的作品能永垂不朽。有史以來，第一次有這麼多成群結隊的才女與男
性文人認同；她們喜歡透過寫作來表達眞實的自我。做爲富有自覺性的女作
家，她們已大大改變了傳統男性文本中所建立的那種被動的、「無聲的」的女
性形像。」〔註22〕甚至也頗能獲得男性文人的肯定。在一場十八世紀關於婦
學的論辯中，章學誠（1738～1801）認爲婦學應該擺脫男性的學識模式而恢
復以班昭爲首的古典婦女道德規範以及對禮儀的掌握與學習。因此章學誠對
大量女性浸淫在詩詞的世界大不以爲然，認爲那與歌舞一樣只是爲了讓男人
感到快樂。反之，袁枚（1716～1798）則積極獎掖女詩人，鼓吹奔放不羈、
自然流露的詩意，倡導追求慾望的滿足與表達純潔的情感〔註23〕。因此所謂
「乾坤清淑之氣不鐘男子，而鐘婦女」乃成爲對女性文人的頌詞。無論如何
這種論辯實已深刻的反映出明清時期才女大量湧現的情況，在孫康宜所出版
的英文本《中國歷代女詩人選集》的作家們，有的是歌妓，有的是家庭主婦，
有的是史學家、畫家、隱士、革命家、女遺民，有的是爲丈夫守節的寡婦，
有的是爲情而死的癡情女子，有的是經年感傷的棄婦〔註24〕。如作爲繼室的
朱景素在〈外子前室繆孺人忌辰感懷〉中寫道：

　　　唱隨儂是後來人，代備菽漿倍慘神。
　　　今世英皇無此福，他生叔季可相親。
　　　自慚織素輸前輩，恰喜添丁步後塵。
　　　刻下試爲身後想，替儂奠酒是何人。

作者有感於作爲一名女性的可替代性，其對於現實人生的感悟已超越了日常
生活的局限性，洞察了生命的悲劇性〔註25〕。此外明清時期更有爲數不少的
寡婦詩人，對自己的生命經過審愼的選擇之後，在親操井臼之餘，藉一枝筆
劍爲艱辛孤寂的寡婦生活賦予更豐富的生命內涵。這些婦女之細膩而深沉的
感知所彰顯出來的意義，實不應被「女子無才便是德」的片面之詞給淹沒。
　　相對於內地的女詩人以筆來表述自己的時候，台灣的移民社會正以蓬勃

〔註22〕孫康宜，《古典與現代的女性闡釋》，台北：聯合出版社，1998年，頁70。
〔註23〕參蘇珊‧曼，〈十八世紀的中國知識女性〉，于《性別與中國》，頁191～192。
〔註24〕孫康宜，《古典與現代的女性闡釋》，台北：聯合出版社，1998年，頁71。
〔註25〕詳孫康宜，前書，頁81。

之姿綻放島國之春。當然，婦女在整個經濟發展的過程中，如其他的世代般是不落人後的，她們手裡拿的是鋤頭、繡花針、秤仔或算盤。墾荒不止是男人的事，有句客家俗諺道：「女人當男人用，男人當超人用。」用來形容客家對台灣各丘陵地區深入開發的貢獻。據卓意雯的研究，早期台地婦女負貨販賣絡繹於途，不亞鬚眉男子；及至十八世紀之後，因為人口增加，經濟發展幾達飽和，婦女勞動力才又轉入輔助性的角色，手工針黹再度成為婦女謀生的主要管道〔註26〕。不過對於商業家庭而言，生產小產品的家庭式工廠，家庭成員是無償勞動，使得原本是負擔家務的女性，還得應付家業的經營。「頭家娘」既要扮演妻子、母親的角色，另一方面仍要充任女工、店員、秘書，還有搬貨、管帳、招呼客人、照料員工三餐的多重角色〔註27〕。這種由清代到日治時期的現象延伸到當代台灣的中小企業界，仍有類似現象，因此高承恕認為：當「家」指攝的不僅是傳統定義的「家庭」而已，還涵蓋了夫妻檔共創的企業的時候，「家」之於一個多重樣貌的「頭家娘」，就更不會是凸顯她「附屬」、「依賴」這類角色的舞台了。簡言之，不能只從女性是「依賴者」、「從屬者」的角度來看待女性問題。〔註28〕

七、乾坤合德——代結論

台灣的性別研究走到今天，多少已經到了要勒轉馬頭，更為冷靜而理智的看待 XX 與 XY 之間的問題，尤其在解釋上不能陷於單一現象的論述，因為人類的發展是多元的，文化的交流與互動也是頻繁的，到底是男性宰制了女性，還是女性明明握有無形的權力？恐怕都需要吾人不憚其煩的作抽絲剝繭的工作，甚至必須勇於顛覆自己舊有的成見，尋覓一條多元的道路以全面的觀顧此複雜的社會。

多年來，中國人對《易經》〈繫辭〉所言：「天地尊卑，乾坤定矣。」一向有各種的解釋，我們寧可從「頂天立地而為人」這個角度思考「天尊地卑」這個問題，尊卑應為方位語，一上一下，並非為帝王之便利而曲解的絕對的、片面的、下焉者對上位者服從的價值觀。實則天地兩者缺一不可，想當然男女並重，乾坤合德才是理想的人文世界。

〔註26〕請參卓意雯，《清代台灣婦女的生活》，台北：自立出版社。
〔註27〕參陳惠雯，《大稻埕查某人地圖》，台北：博揚文化，1999年，頁120～121。
〔註28〕參高承恕，《頭家娘——台灣中小企業「頭家娘」的經濟活動及其意義》，台北：聯經出版社，1999年，頁176。